人を育てる道

伝説の教師 徳永康起の生き方

神渡良平

致知出版社

人を育てる道

伝説の教師
徳永康起の
生き方

神渡良平
Kamiwatari ryohei

致知出版社

推薦文

汗を流して具体的に行動する——これこそが教育の原点です

イエローハット創業者　鍵山秀三郎

徳永先生の三畳間の仕事部屋

今回、人々に康起(やすき)菩薩と称えられた徳永康起先生の教育の全貌が明らかにされたことを大変喜んでいます。徳永先生はそれまで六年間務めていた校長職を辞し、昭和二十七年（一九五二）、一平教員に戻ると、念願だった教え子たちの魂の成長に心魂を傾けられました。

担任している学級の子どもたちが提出する日記にていねいにコメントを書き、家では朝三時に起きて三畳の板の間の仕事部屋で、授業で生徒たちに配布する資料のガリ切りをされました。小さな火鉢があるだけの部屋は、先生自身〝寒室寒坐(かんしつかんざ)〟と呼んでおられたように、冬は凍えるほどに寒かったけれども、〝愛の実弾〟はそこから生まれました。

学校で一番汚かった、校庭の隅にあった八角(はっかく)便所のこびりついた汚れを、先生もいっしょになって瓦の欠片（かけら）でそぎ落とし、新聞紙や何かで詰まっている便器を通るようにし、黄色くなっていた便器を磨きました。徳永学級の絆はそんなところから生まれていきました。

教え子たちの結びつきは固い絆となり、教え子たちは小学校卒業後十五年目に、自分たちの手で記念文集『ごぼく』4号を出しました

それを読んだ多くの教師たちは、「教師が心魂傾けた努力はここまで教え子たちの心に刻み込まれるのか」と感動しました。その記念文集は、森先生がいつも語っておられた「魂に点火する教育」が、実際にどういうふうに行われたのかを示している具体的な証しだったのです。

この文集を森信三先生が激賞されたことから、浪速社がこれを『教え子みな吾が師なり』（徳永康起編）として出版してベストセラーになりました。八代（やつしろ）市の一小学校で行われていた教育が全国的に知られるようになるまで、実に十八年もの歳月が経っていました。急がず、先を争わず、目の前のことを一つひとつ丹念に仕上げていったとき、それが歴史の地平を切り開いたのです。かくして徳永先生は、森先生を囲む教師たちの研鑽の場である実践人でも、中心的な役割を担うようになりました。

石川理紀之助翁が示しているもの

今回、『人を育てる道 伝説の教師 徳永康起の生き方』を読んでみて、私は明治から大正時代にかけて、秋田県の農村指導者だった石川理紀之助翁のことを想起します。石川翁は毎朝三時に掛板を打ち鳴らして村人たちを眠りから起こし、まだ夜が明けきらないうちから農事に専念し、困窮した村を再建していきました。

ある猛吹雪の朝、理紀之助翁がいつものように午前三時に掛板を打ち鳴らし、雪まみれになって家に戻ると、奥さんが「吹雪の朝に掛板を打ったところで、誰にも聞こえないでしょう。ましてこの寒さでは誰も起きて仕事などしやしない……」と咎めるように言いました。でも理紀之助翁は平然と答えました。

「そうかもしれない。でも私はこの村の人々のためだけに掛板を叩いているのではない。ここから五百里離れた九州の人々にも、五百年後に生まれる人々にも聞こえるように叩いているんだ」

そうした心構えだったから、理紀之助翁は少々のことでは失望せず、ひたすらな努力が疲弊していた農村を立ち直らせ、「秋田の二宮尊徳」と呼ばれるようになりました。明治二十一年（一八八八）、四十四歳のとき、井上馨農商務大臣の招請を受け、秋田県の農業改革の実績を報告するほどになりました。

また二十七年（一八九四）から翌年にかけて、北白川宮の命を受けて九州七十四か所で講演や実地指導を行い、さらにその翌年は四国や千葉県での指導が続きました。その石川翁の自戒の言葉は「寝ていて人を起こすことなかれ」でした。「自分は動かないで他人にやらせることはできない。自分が先頭に立って手本を示してはじめて人を動かすことができる」というのです。

先の徳永先生もまさに〝寒室寒坐〟し〝鉄筆の聖者〟と称えられたほどに努力されたから、教え子たちが感化され、それぞれの人生が花開いていったのです。

この書は私たちに一番必要とされていることは何かを、気づかせてくれます。そして何よりもわが国に地下水脈のように流れている文化の特質が何であるか教えてくれます。営々と努力して立派な文化国家をつくりあげた先人たちを持ち、私たちはとても幸せです。私たちもそれぞれの持ち場で徳永先生に続いていきたいものです。

令和三年一月

はじめに

人はそれぞれ天から授かっている封書があるといいます。私たちは天から〝いのち〟を賜って（たまわって）おり、それぞれの〝いのち〟に使命が書き記されている封書が添えられているというのです。この人生をどうまとめ上げて天にお返しするか、誰しもが感じていることであり、生きている限り、このことをくり返し問うているともいえます。

熊本の教師徳永康起（やすき）先生もこの問題を終生自分に問いかけました。

徳永先生は出会った教え子たちの心の支えとなる教師でありたいと自分に誓いました。例えば、八代市立太田郷（おおたごう）小学校五、六年生のとき、わずか二か年担任した生徒たちが、中学、高校と進み、社会人になっても恩師との交流が続きました。小学校卒業後の三年目、十年目は先生の手で文集が作成されましたが、卒業後の十五年目、今度は教え子たちが自分たちの手で、お礼の意味を込めて文集を刊行したのです。

わずか五百部ほどの文集でしたが、それを読んだ人々、中でも教職にある人々はショックを受けました。教師が教え子たちの魂の成長に傾注したとき、ここまで感化できるのかと、とても考えさせられたのです。この手作りの文集が出版社の目に留まり、『教え子みな吾が師なり』（徳永康起編　浪速社）として出版されました。これを「国民教育者の友」であり、教職者たちに支持者が多い森信三元神戸大学教授が激賞されたことから一気に火がつき、徳永先生が全国に知られるようになりました。

昭和五十四年（一九七九）六月、徳永先生がこの世でのいのちを終え、葬式が営まれたとき、教え子をはじめ、同志同行の三百名を超す人々が詰めかけ、地元の熊本日日新聞もその逝去を悼（いた）んで報道しました。

そういう事実を見るにつけ、一人の人間が自分の使命に目覚め、その実現に向けてひたむきに努力をすればどういうことが起きるのか、本書はその忠実な記録です。

改めて、私たちはそれぞれ偉大な使命をいただいて、地上に送られているのだと痛感します。ここでいう偉大な使命とは、世間的に評価される使命という意味ではなく、その人にしか成就できない使命という意味です。

この本があなたの人生に少しでも寄与できれば、幸せに存じます。

佐倉市の暁星庵にて　著者

第一章　熊本の山奥の分校

第二章　徳永宗起さんの救世軍での更生教育活動

第三章　子どもたちと日々触れ合いたい

第四章　日記が育てた生徒との絆

第七章　卒業十五周年記念文集が巻き起こした反響

第八章　国民教育者の友 森信三先生

第九章　康起菩薩、天国に還る

装幀――秦浩司

校庭の芝生で読書する徳永先生

第一章　熊本の山奥の分校

一　人の悲しみを知っている先生

スケールのでかさは千万人に一人

平成八年（一九九六）、教職にある人々が集う実践人の家の寺田一清常務理事（当時）が主宰者の森信三先生の大著『不尽叢書』（全五巻）の編集に取り組み、一年以上も格闘していたとき、人々から〝国民教育者の友〟と尊敬されている森信三先生が寺田常務に尋ねました。

「わが実践人の同志の中で、もっとも宗教的な方はどなただと思いますか？」

寺田常務は迷うことなく即座に答えました。

「熊本の徳永康起先生でしょう。あの先生ほど、教え子たちに慕われている先生はありません。熊本師範時代に洗礼を受けてクリスチャンになっておられ、その信仰に裏打ちされた、子どもたちに向かうひた向きさにはまったくもって感心します。先生と生徒たちとの間には〝いのちの響き合い〟があります。

徳永先生には、すべて身に起きる出来事は神さまの思し召しだ、ありがたくお受けしようという宗教的寛容さがあります。それに南国生まれの性格でしょうか、森先生を囲む教師たちの研鑽団体である実践人の城代家老とも言われている端山護（はしやままもる）先生が『徳永先生のスケールのでかさは千万人に一人と言えます』と評しておられるとおりです。

徳永先生が発行されている個人雑誌『天意』をひもとくと、徳永先生の精神は地下水のように鮮烈で、一貫した奉仕行には、私も深く敬服し、低頭せざるを得ません。

森門下の四天王のお一人だと言えます」

例によってニコニコして聞き入っていた森先生は、寺田常務の話が終わると、キリッとして表情を引き締め、ご自分の意見を述べました。

「徳永先生は実践人の夏冬の全国研修会にはいつも前日からお越しになり、事務方の準備を、身を粉にして手伝っておられますね。それに座る場所はいつも最前列の中央が定席と決まっていました。私は徳永先生が発行されている『天意』を読んでいて、その宗教的深さに感心していました」

二人の意見は期せずして一致しました。

とはいえ、徳永先生は残念ながら世の中にさほど知られている方ではありません。

では徳永先生は何ゆえにお二方からそれほどに評価されているのか。徳永先生のいくつかのエピソードを紹介しながら、その人生でなし遂げられたものを明らかにしましょう。

親の祈りの心、察知する子どもの心

昭和三十八年（一九六三）十月、詩人のサトウハチローが「おかあさん」の詩集三冊を出版したとき、徳永先生はまったく心を奪われてしまいました。それで早速ガリ版印刷をして生徒たちにプリントを配りました。

この世で一番　　　　　　サトウハチロー

この世で一番　　　　おかあさん　おかあさん
美しい名前　それはおかあさん　悲しく愉(たの)しく　また悲しく
この世で一番　　　　なんども　くりかえす
やさしい心　それはおかあさん　ああおかあさん

同じころ、徳永先生自身が七十八歳の母親キカさんを亡くしたので、余計心に響いたのかもしれません。先生は五十五歳になった誕生日に、自分のお母さんのことをこう書きました。

昭和四十一年七月三日、今日は私の誕生日です。
私はあなたの写真を拝みました。
私が生まれる前の、若々しくて美しい写真です。
そしていつも思っていることを申しました。
あなたより早く亡くならなかったことが、
ただ一つの親孝行でした、と。

（三年前の）あの大病から助かって、
いま誕生日を迎えました。
母よ、あなたは私に命と心をくださいました。
愚かな私はまだそれを燃やしておりませぬ。
私はいつも申しわけないと思っています。

亡くなられたあの夜、昭和三十九年十二月三日、
神仏のみ心か、私一人枕辺に侍していたら、またしても、
「人さまから後ろ指を指されたことのない家柄である」
「先祖さまの名を汚してはならぬ」
と諭(さと)されました。
子どものときから、母の教えはこの二つだけ。
これは大変なことだと、
子ども心にシャンとなりましたっけ。
それが最後の教えとなりました。
夜が深々と更けるころ、
静かな、静かな永遠の眠りにつかれました。

今日は私の誕生日です。
母のくり返し、くり返しの教えを静かに想いながら、
私の誕生日の感激を、世界一のあなたに捧げます。
ヒトサマにウシロユビを指されないように生きます。

徳永先生はいつも子どもたちに、私たちが授かっている〝いのち〟は父母から受け渡されているものだから、あだやおろそかにしてはならないと語っていました。

もっとも多感な女生徒を襲った悲しい出来事

徳永先生の教職の最後は八代市立第二中学校で、教頭を務めながら、二年生に国語を教えました。そこで生徒たちにサトウハチローの詩を五十篇選び出し、謄写版印刷をして配りました。ところがある日曜日、一人の女生徒が自宅を訪ねてきました。そして最近起きた話をし、「先生、私はどうしたらいいんですか」と言って泣きだしました。

彼女の父は母とその子を残して家を出てしまったそうです。そして今度はその母が祖父母とその子を置き去りにして家を出て、再婚してしまいました。しかも住んでいるところは家の近くで、赤ちゃんも生まれているというのです。

先生が配ったサトウハチローの詩が、逆に抑えに抑えていた悲しみを噴火させてしまったようでした。先生も唖然としてしまい、どう答えていいかわかりませんでした。

それからその子は足繁く、先生の家に遊びに来るようになりました。そしてサトウハチローの詩「この世で一番」を筆で書いてほしいとおねだりしました。いろいろあったとしても、その子にとって母はやっぱり一番だったのです。

「そうか。負けるなよ。がんばっていい子になれよ」

そう言って、詩を清書して渡しました。その子はお母さんの思い出を抱きしめるかのように、「この世の中で一番」の詩を持って帰りました。その子は淋しい家庭環境ではありましたが、ひねくれることなく、健気（けなげ）に中学生活が過ぎていきました。

「何があったとしても、人のせいにするのではなく、受けて立とうよな。自分を育てる者は、自分だからな。先生は、坂村真民（しんみん）さんの『リンリン』という詩が好きだよ。どんなことがあっても、リンとしろと自分に言い聞かせるんだ」

先生はそう言って、「リンリン」を暗誦し、その子を励ましました。

燐火のように
リンリンと
燃えていなければならない
鈴虫のように
リンリンと
訴えていなければならない
禅僧のように
リンリンと
鍛えていなければならない
梅花のように

リンリンと　　　　　　　冴えていなければならない

その子もこの詩がすっかり好きになって、暗誦してしまいました。それから二年後、中学を卒業し、高校に進学するとき、奇跡が起きました。

「先生！　母が……、母が高校の入学式に来てくれました。何ということでしょう。ただただ感謝するばかりです」

神さまがこの母と娘の心を温かく結んでくださったのです。

親の祈りの心と、それを察知する子どもの心ががっちり結び合い、親は癒やされ、子どもは元気に成長していきました。

「幸薄きわが子に届け！」と母の祈り

担任している太田郷小学校五年五組のクラスにT子さんという女の子がいました。T子さんは三歳のとき、生みの母と離別し、父親は別の女性と再婚しました。徳永先生はT子さんの家庭が気になったので、早速家庭訪問しました。訪ねてみると、これではあんまりだと思わざるを得ない悲惨な状況でした。T子さんは寂しかったのでしょう、先生の腕にぶら下がり、よく甘えてきました。

一学期が終わろうとするころ、鹿児島からT子さんに一通の手紙が来ました。開けてみると母親からです。そこには生み落としたわが子を手放さざるを得なかった母の悲しみがめんめんと綴られ、T子さんはひねくれていないだろうかと案じていました。追い出される前夜は絶望のあまり目の前が真っ暗になり、わが子を抱いて鉄橋に立ったそうです。しかし、T子ちゃんの泣き声ではっとわれに返り、後ろ髪を引かれる思いで、わが子を手放して後妻に預け、鹿児島に去りました。

T子ちゃんが小学校に入学するとき、お母さんはその晴れ姿を一目見たいと鹿児島からやってきて、校門のところに隠れて見ていました。ところが後妻に見つかってしまい、人々とT子ちゃんの面前でこずき回され、最後は田んぼに押し倒されて口汚くののしられました。そのときT子ちゃんは生みの母にしがみついて離れなかったそうですが、後妻に引き戻されてしまいました。

神さまは幼いT子ちゃんに、「生みのお母さんの祈りを忘れてはいけないよ」とささやかれたのでしょうか、T子ちゃんはまっすぐ育ちました。

徳永先生が生みのお母さんに、「大丈夫です。素直で、しっかり育っています」と返事を出すと、先生宛にお金や洋服や学用品が送られてきました。徳永先生は継母に知られないよう用心に用心を重ね、先生がご褒美をあげたことにして、そっとT子さんに渡していました。しかし継母にばれてしまい、要らぬおせっかいをするなと怒鳴られました。

継母はいつも酒を飲んで酔っ払い、ふしだらな恰好をしていました。それだけにT子さんは、涙に濡れた生みの母の顔を忘れることはありませんでした。

中学を卒業してT子さんはあるお店に勤めましたが、継母はわずかな給料を取り上げて酒代にしました。そこに父親が急死したのです。T子さんは途方に暮れ、どうしたらいいか相談に来ました。義母はもっと金にしようと、歓楽街で強制的に働かそうとするに決まっています。徳永先生は躊躇（ちゅうちょ）することなく、「鹿児島のお母さんのところに逃げろ」と勧めました。

生みのお母さんはある病院の付き添い人として自活していました。T子さんは継母から籍を抜いて生母の籍に入り、二人して生きていく道を探しました。その結果、名古屋に出て、働きました。

神さまは一生懸命生きる者を見捨てたりはされません。T子さんはさる時計商会で働いている青年と縁談がまとまり、昭和三十九年（一九六四）の秋、無事に結婚しました。新居には母を迎えて親孝行するのだと張り切っています。

休み時間になると教卓に寄ってくる子どもたちに囲まれ、一人ひとりの頭を撫でながら徳永先生は明るく言います。

「子どもたちの家庭はさまざまです。まだ自立できない子どもたちが必死に耐えて生きています。誰かがそういう子どもたちの支えにならなきゃいけない現実があるんです。教師が黒板に白墨で何かを書いて教えているだけですまないのです。

私は問題を抱えた子を一人ぽっちにしてはおけない。彼らの相談相手になり、つっかえ棒の役割を果たしたい。そう思って日々子どもたちと交わっています」

徳永先生は黒板の前だけの教師ではなく、人生の伴走者でした。どれほど多くの人が助けられ、励まされたかわかりません。

森先生から届いたハガキ

そんなある日、森先生から徳永先生に便りが届きました。

「拝、昨日、家内の三十五日の忌明けの仏事を務め、今日あなたの『天意』を拝受。例により非常に豊富な内容に、ピチピチした充実感が感じられます。

あなたがあのまま校長をしておられたら、もちろん現在の校長さんたちの間では、断然群を抜いて業績を上げられているに違いありません。しかし、あなたが今日なっておられるような独特の光彩陸離（りくり）たる教育活動は絶対に不可能だったでしょう。

私、近頃しみじみと痛感するのは、『この世の中で両方良いことはない』ということです。

私は一代、学問を続け、道を求めて、齢七十を超えて到達した真理が、そのような〝偉大なる平凡〟だったということは、我ながら驚きかつ呆（あき）れています」

森先生は昭和四十五年（一九七〇）十月一日消印のこの手紙で、徳永先生の教育活動を「独特の光彩を陸離と放っている」と述べておられますが、恩師にそこまで評価され、徳永先生は滂沱（ぼうだ）の涙を禁じ得なかったのではなかろうかと思います。

昭和三十八年（一九六三）九月、徳永先生が輸尿管結石で倒れたとき、多くの教え子や保護者、友人、知人がお見舞いに駆けつけたのも、それだけ深く慕っていたからだといえましょう。それでは徳永康起という教師がどういう教育をやってきたのか、史実をたどってみましょう。

二　熊本県と宮崎県の県境独立守備隊長

"炭焼きの子"と馬鹿にされて

昭和七年（一九三二）三月、熊本師範学校を卒業した徳永さんは、短期現役兵として歩兵第十三連隊に入営し、同八月、陸軍伍長として退営しました。そして熊本師範附属小学校に配属され、六年生の担任になりました。

ここはいい家庭の子女が競って入学する学校なので、教師としては最高の船出だと言えます。でも、徳永先生はできるなら辺境の地で教師をしたいと思ったので、その旨、希望を出しました。徳永先生は、

「人と競って勝ったとしても、何の得があるだろうか。負けたとして何の損があるだろうか。昔から、負けるが勝ちと言われるように、人の下手（しもて）にいて、負けていた方がいい」

と思っていたから、背伸びをせず、自分の等身大の学校に赴任したいと思ったのです。

それが受理されて、翌昭和八年（一九三三）四月、球磨郡久米村（現多良木町）の村立久米尋常小学校下槻木分校に赴任しました。ここは、山一つ向こうはもう宮崎県という山奥の分校です。若い徳永先生は「俺は県境独立守備隊長じゃ」と豪語していました。

ある日、小さな運動場で、ドッジボールをやっていた子どもたちがいさかいから取っ組み合いの喧嘩を始め、一人の少年が相手に馬乗りになって殴ろうとしていました。独立守備隊長はあわてて止めに入り、少年の手を握って引き離しました。少年はいつもみんなから〝炭焼きの子〟とけなされ、馬鹿にされている柴藤清次君でした。

柴藤君は小学校四年のときから、焼き上がった木炭を馬二頭の背中に背負わせ、山を越えて宮崎県の米良の荘まで急坂を上り下りして運ぶ重労働をしており、ロクに学校に行くことができませんでした。当然成績が悪いのでみんなに馬鹿にされ、あまり風呂にも入っていないので臭く、靴や草履もはかずにはだしで、身なりもボロボロで乞食の子のようでした。だからみんなから仲間外れにされ、すっかりひねくれていました。それが爆発して取っ組み合いの喧嘩になったのでした。

先生が君を抱いて寝よう！

事情を知った徳永先生は泣きじゃくる柴藤君をなだめて言いました。

「おい、清次君。今夜、宿直室に来い。親代わりに、俺が抱いて寝よう」

その言葉に柴藤少年はびっくりしました。というのは、自分を「清次」と呼び捨てにせず、「君」をつけて一人前の人間としてみているのが伝わってきます。それまでの担任の先生はできの悪い柴藤君を端（はな）から無視していたので、炭焼きの子は先生からも相手にされないいんだとひがんでいました。でも、この先生は違うようです。徳永先生から目をかけられるようになり、柴藤君はすっかり明るくなって成績も上がり、みんなに溶け込むようになりました。

とはいえ、貧しい家の経済状態はよくなったわけではありません。とうとう六年生を満足に終わらないまま卒業しました。

この話の主人公の徳永先生は身長百七十センチぐらいで、声は太く中低音、がっちりした体格の固太りで七十キロぐらいありました。鼻が高く、彫りの深い顔にメガネをかけ、古武士然としておられました。でもいつもニコニコほほえんでおられるので、いかつい外貌もそれで救われていました。

熊本の男はよく「肥後もっこす」といわれます。純粋で正義感が強く、一度決めたら梃子でも動かないほど頑固で、曲がったことが大嫌いな性質を指してそう言います。「津軽じょっぱり」「土佐いごっそう」とともに日本三大頑固者といわれていますが、徳永先生は典型的な肥後もっこすです。おそらく尋常小学校高等科を卒業し、合志義塾で学んでいるとき、慕っていた工藤塾長から「一度決めたら梃子でも動かない」性格にいっそう磨きがかけられたのでしょう。

招集、そしてシベリア抑留……

柴藤君は小学校を卒業すると、農家の下男として働きました。続いて徴用工となり、さらに軍隊に招集され、満州に派遣されました。しかし終戦となって、違法に侵攻してきたソ連軍に抑留され、バイカル湖に近いシベリアのイルクーツク州タイシェットにある悪名高い第七収容所に送られ、鉄道建設に従事しました。

タイシェットは、ヨーロッパ・ロシアと太平洋を結ぶバム鉄道（第二シベリア鉄道）が敷設中の戦略的重要拠点で、鉄道の要衝です。捕虜は、夏は蚊の大襲来に悩まされ、冬は零下四十度という信じられない気候に痛めつけられ、枕木一本ごとに死者が出るという過酷な労働でした。

柴藤さんはタイシェットのラーゲリ（捕虜収容所）、第七収容所では戦友の間を駆けまわって世話をし、みんなに希望と勇気を与えました。

柴藤さんは身を粉にして働く人で、人の世話も積極的に焼きました。受け身に回り、人に世話を焼かれている人はだんだん気力が低下して病人になり、生き延びることができませんでした。だからある意味では、人の世話を積極的に焼く柴藤さんの性格が幸いして、五年間もの労働を生き延びることができたとも言えます。

柴藤さんは五年間に及んだ抑留がようやく解かれて、昭和二十五年（一九五〇）、シベリアから引き揚げました。そして佐賀県の伊万里に落ち着くとカマボコの行商を始めましたが、石炭不況のあおりを受けてうまくいかず、転職を余儀なくされました。そこで軍隊時代に身につけた自動車の運転技術を生かし、昭和三十六年（一九六一）一月、伊万里自動車学校の教官に採用されました。

柴藤さんは教官としても優秀で、彼が指導する教習生の合格率は高く、長崎県から優良指導者として表彰されました。表彰された教官は二人で、その一人が柴藤さんでした。

不良少年を引き取って自立させた柴藤さん

柴藤清次さんは結婚して家庭を持ちました。新婚早々、警察も持て余していた四人の不良少年を自宅に引き取りました。自分のみじめな少年時代を思うと、人ごととは思えなかったのです。それぞれに自動車免許を取らせ、就職するまで八年間世話しました。また昭和三十九年（一九六四）には、身寄りのない女の子を養女として迎えました。家族は奥さんと、小学校三年になる息子と小学校一年の養女の四人になりました。

なぜ柴藤さんがそこまで他人の面倒を見るのかというと、理由があります。柴藤さんはそれをこう説明します。

「私が〝炭焼きの子！〟と馬鹿にされ、すっかりひねくれていたとき、担任の徳永先生が私を宿直室に連れて帰り、抱いて寝てくれました。それで私のひがみ根性が消えてなくなりました。今その恩返しをしているんです」

そんな柴藤さんの善行を伊万里市の青少年問題協議会が知るところとなり、昭和三十九年（一九六四）十二月二十二日、同協議会から表彰されました。それがきっかけで、朝日新聞熊本版の「読者のひろば」に、恩師を捜している柴藤さんの投書が載りました。

「昭和七、八年ごろ、熊本県球磨郡多良木（たらぎ）町の下槻木分校でお世話になった徳永康起先生を捜しています。私にとっては一生忘れることのできない恩人です」

戦後すぐは「尋ね人欄」に投書はたくさん載りましたが、戦後十九年も経つとそういう投書は少なくなりました。それでも新聞の威力はすごく、何と徳永先生が柴藤さんの投書を発見し、すぐさま手紙を出しました。徳永先生はその後、八代市に移り住んで、竜峰小学校の教頭をしていたのです。

三十二年ぶりに〝宝の子〟と再会！

柴藤さんは徳永先生から連絡を受け、正月三日、クルマを走らせて八代を訪ね、三十二年ぶりの対面を果たしました。そして伊万里市青少年問題協議会から贈られた記念の花瓶（かびん）を贈呈し、「私の精神を叩き直してくださったお礼です」と感謝しました。教え子から記念の花瓶を贈られて、徳永先生は恐縮しました。

「この花瓶はもったいなくてもらえません。でも、柴藤君が大臣になった以上に嬉しい。教師としてこれ以上の喜びはありません」

その様子が再び新聞で報道され、「三十二年ぶりの再会！」と祝われました。

教え子から三十二年経ってもなお慕われる教師——。そこには先生と教え子の間に、いのちといのちの呼応があったからでした。

柴藤さんは刻苦勉励の人でした。昭和四十三年（一九六八）には佐賀県体育大会の百メートル競走の部で、十二秒六のタイムを出して優勝しました。何と四十七歳、三年連続の快挙です。大会後、柴藤さんは早速恩師に電報を打ち、百メートル優勝を知らせました。

徳永先生は柴藤さんについてこう語っています。

「もしも私が柴藤さんと同じ境遇に置かれたとしたら、果たしてこのように生き得たであろうかと思うと、完全に負けです。そこに思いをいたすと、おのずと〝教え子、みな吾が師なり〟と合掌せざるを得ないのです。

柴藤さんは小学校教育もろくに受けていない人ですが、百の大学を出た人以上に、人間の美しい知恵があります。天下の真人はとても謙虚で、胸を堂々と張って生きています。学歴くそ食らえです。

走法の指導一つ受けていないので、佐賀県体の百メートル競走で、しかも四十七歳で、三年連続優勝した恐るべき男です。それに私のことを夢で見たらしく、『夢見が悪かったから、それが逆夢であるように』と、伊万里から八代までクルマをぶっ飛ばして来てくれました。彼ほど純情な男は少ないです」

柴藤さんへの思いは尽きず、その思いは教え子みんなに広がっていきました。

「私のたった一つの誇りは、私よりはるかに高く、かつ深く生きている教え子の名前を、即座にすらすらと、何人でも息もつかずに言えることです。そしてそれ以外には何一つ取り柄のない人間です。ありがたきかな、無一物にして、しかも無尽蔵！」

昼の弁当を抜いて生徒と過ごす

徳永先生は貧しくて恵まれない家庭の生徒には、特に心を砕かれました。例えば進級するとき、生徒は講堂に並んで新学年の教科書を購入します。しかし、生活保護の家庭の子は無償配布になっていて、担任の先生が教室で渡します。ところが無償で受領する生徒は引け目を感じます。自分が生活保護の家庭の子だとみんなにわかってしまうからです。

徳永先生はそのことに気を遣い、生徒たちが教室にいない間に、こっそりと机の中に入れて渡されました。

昼休みの弁当の時間はみんなが待ちに待った時間です。ある意味ではもっとも楽しい時間です。ところが生徒の中には、そっと教室を抜け出し、校庭で遊んでいます。家が貧しくて弁当を持ってくることができない生徒たちです。

それに気づいた徳永先生は心を痛め、自分も弁当を止めて、校庭で子どもたちと一緒に遊びました。先生は校庭の片隅に子どもたちを集めて、宮沢賢治の「雨ニモマケズ」の詩を読んで聞かせました。

雨ニモマケズ
風ニモマケズ
雪ニモ
夏ノ暑サニモマケヌ
丈夫ナカラダヲモチ……（後略）

と、詠（うた）われている内容は自分たちの境遇と同じなので、思わず身を乗り出して聴き入りました。弁当を持ってこられない生徒たちは同志的な結束を生み、逆に誇りとなりました。先生は自分たちの味方だと思い、ますます慕いました。とても繊細な感性を持っている徳永先生は、これはという詩に出合うと、その詩や詩人のことを語って聞かせました。

「宮沢賢治は『雨ニモマケズ』の詩でも、『東ニ病気ノコドモアレバ／行ッテ看病シテヤリ／西ニツカレタ母アレバ／行ッテソノ稲ノ束（たば）ヲ負ヒ……』と詠んでいるが、健康で恵まれた人は、弱い立場の人をお世話する役目があると思う。

白く乾いた土があれば、そっと水を注いでやろう。

日陰にある花はそっと日向に出してやろう。
それが私たちの誇り高き務めだよ」
だから徳永学級は思いやりがあり、細かな気配りをするクラスに変わっていきました。

三　子どもを卑屈にしない配慮

切り出しナイフがなくなった！

徳永先生は一人ひとりの生徒が傷つかないようにとても心を配りました。そのことを示す好例のエピソードがあります。

あるとき、学校で工作用の切り出しナイフが必要になりました。みんな親にお願いして買ってもらいました。ところがA君はそれを親に頼むことができませんでした。決して貧しい家庭ではなかったのですが、頭のできがよかった兄さんと比べられて、A君は「何とお前はぼんくらなんだ」と叱られてばかりいました。

学校でお金が要るとき、長男が頼むと快く出してくれるのに、A君が頼むと渋い顔をされます。だから言い出すことができず、おとなしい同級生のナイフを盗みました。ところがその子が「ナイフがなくなった」と騒ぎだし、当然クラスの誰かに嫌疑がかかりました。これはまずいと思った徳永先生は昼休みになると、「みんな外で遊んでこい」と教室の外に出し、疑わしい生徒の机に行き、「彼でなければいいが……」と願いながら、机のフタを開けました。するとキラキラ光って新品なのに、さやは削って墨を塗り、古く見せようとしたナイフが見つかりました。

生徒を一番大切にした徳永先生

徳永先生はA君の家庭の状況をよく知っていたので、親に頼めなかったA君の事情を思い、かわいそうになりました。そこですぐさま自転車で学校の近くの文具店に行き、同じ切り出しナイフを買って帰ると、なくなったと騒いでいた生徒の本の間に挟み、机の一番奥に入れました。

昼休みが終わってみんなが校庭から帰ると、徳永先生はなくなったと騒いでいた生徒に言いました。

「君はあわて者だから、よく調べてみろ。なくなったと言われたら、他の者は気持ちが悪いからね」

するとその子は机の奥まで探し、教科書の間に挟まっていたナイフを見つけ、「あった!」と大喜びし、みんなに「すまなかった」と詫びました。徳永先生が盗んだ生徒をちらっと見ると、涙をいっぱいためて徳永先生を見ていました。先生はひと言もその生徒を責めませんでした。

満州開拓に汗を流す教え子

昭和十三年(一九三八)といえば、日支事変が日一日と拡大し、日本軍が中国の大地に吸い込まれるように、奥地へ奥地へと転戦していったころです。徳永先生の教え子六人が満州開拓青年義勇隊の一員として渡満していきました。その一人、中島馨君は、遠く日本を離れ、寒い満州の広野で一番うれしかったのは、徳永先生からの手紙だったといいます。

「先生はぼくたちが知らない小学校に転任されており、そこで教鞭を執っておられる先生を想像しながら、便りを出しました。するとそれに返事が来ます。先生から来た手紙を六人で見せ合って、故郷を偲んだものです。それが二年続き、三年続き、それ以上の歳月が経ってもなお便りをくださいました。

人間は、一年ぐらいはできます。いや五年ぐらいはできるかもしれません。でも先生は亡くなるまでせっせと手紙をくださいました。小学校でのたった二年の交わりが終生続いたわけですから、驚嘆に値します。ほんとうにぼくたちのことを思っていてくださるから、それができたのです。ぼくの人生の宝です。ぼくらは先生の無限の愛を心として、これからの人生を生き抜きます」

親兄弟をはじめ、自分を見守ってくれる人がいると思えることほど、励ましになるものはありません。中島さんは恩師を通して、日本が信頼するに足る国であると思うことができたのです。

教え子たちを送り出したあと、徳永先生はガランとなった教室で一人歌を歌いました。高野辰之（たつゆき）の「ふるさと」です。

♪こころざしを果たして
いつの日にか帰らん
　山は青きふるさと
　水は清きふるさと

――みんな負けるなよ。たくましく生きろ。先生も応援しているからな。

一年かかって、みんなの心が一つとなっていました。

戦死者の墓前に添えられた八重くちなしの花

昭和十九年（一九四四）五月十一日、ニューギニア戦線に出撃したA君は、明日はいよいよ米軍と空中戦というとき、もはや生きて帰れないと思い、徳永先生に手紙を書きました。

「先生はあのとき、ぼくをかばって許してくださいました。本当にありがとうございました。死に臨むにあたって、先生にくり返し、ありがとうございましたとお礼を申し上げます」

そして最後に書き添えてありました。

「先生、ぼくのような子どもがいたら、どうぞ助けてやってください。本当にありがとうございました。さようなら」

そしてA君はニューギニアのホーレンジャー沖の海戦で、米軍の戦艦に体当たりして散華（さんげ）したのです。徳永先生は八重くちなしの苗を買い求めて、彼の墓前に植えました。

「八重くちなしの花は香りがよくて、土の中で眠っている君の魂まで届き、芳香で温かく包んでくれるだろうと思って……。この花が咲くころ、きっと君は生きていたころ、いろいろ苦しかったことを思いだすだろう。だから君のお墓は八重くちなしの匂いで包んでやりたいんです」

徳永先生の教え子の中からたくさんの戦死者が出ました。

内野正光という生徒は出征するとき、両親に言い残しました。

「おとっちゃん、おっかしゃん。帰ってくるときゃ白木の箱じゃけん、覚悟しとってな。同窓会は靖国神社でやるんだ。若い命を祖国に捧げ、醜（しこ）の御楯（みたて）となって、いさぎよく散ってくるよ」

内野君は十九歳の若さで戦死しました。同窓会は内野君が予告したことが的中したように、幸か不幸か、靖国神社で持たれました。戦死した同窓生たちは二十六名。徳永先生は彼らの墓前にも八重くちなしの花を、「香りよ、地下まで届け」と願って植えました。

徳永先生は毎年、大晦日から元旦にかけて板張りの床に端座し、戦死や戦病没した教え子の戒名、没年、死没場所を、和紙を綴じた冊子に毛筆で記し、一人ひとりの冥福を祈りました。これは年末年始のもっとも大切な「写経行」で、後年には教え子全員の名前をも記されるようになりました。

昭和四十三年（一九六八）、徳永先生の記銘の行を知った寺田実践人常務理事は和綴じの冊子を送りました。徳永先生はこの冊子に『生源』と名前を付け、芳名住所録として使用しました。徳永先生にとって、まさに〝生の源〟だったのです。だから複写ハガキでの通言と相まって、教え子が今どこで何をしているのかを、とっさに思い浮かべることができました。

病床に残された日記

徳永先生は山の分教場の次に、免田村（現あさぎり町）の免田小学校に三年間勤めました。この教え子たちは、卒業後十年間はたとい血の涙を流しても頑張ろうと約束し、「免田十年会」が結成されました。

その中に田中保という生徒がいました。田中君は母子家庭で、卒業後、家の働き手として生活を支えるようになった矢先、入院してしまいました。

人吉中学校を受験する生徒をつれて人吉市に行ったあと、神の知らせか、田中君の魂の招きか、田中君に無性に会いたくなって休暇を取り、三月二十六日、免田村に彼を見舞いました。

行ってみると病状はただごとではなく、切迫した状況です。お母さんとお姉さんは先生を見るよりも早く、「今の今まで病人は先生のことを話していました」と泣きだしました。前々回見舞ったときも、徳永先生がやってくる夢を見たと、午前二時にお母さんを起こし、まんじりともせず朝を迎え、夢が告げたとおり、徳永先生が現れたので、手を握って泣いたのでした。

昏睡状態に陥っている田中君の布団の横に付き添っていると、田中君が突然うつろな目を開けて先生を一分、二分、凝視し、がばっと上半身を起こすと、

「先生、せんせーい！」

と言って抱きつきました。そしてそれが夢や幻でないことを確認するように、先生の腕や肩を撫でさすりました。徳永先生はそのときの様子をこう書いています。

「田中君のあの声、あの目の輝き、あの握力は忘れることができません」

田中君の必死さが胸を打ったのです。それから二日後、田中君は静かに息を引き取って、旅立っていきました。

死後、彼の病床から「徳永先生手跡」と書いた日記が見つかり、お母さんが先生に届けてくれました。先生が田中君の日記の末尾に赤ペンで書き込んだコメントを田中君は切り抜いて、どんな状況でと解説を付け加えていました。悲しみを訴えたり、相談ごとがあったり、ときに抗議したり……、それを見て徳永先生は、コメントは自分のいのちのしたたりであり、あだやおろそかに書いてはならないと思い知らされ、い

っそう丹念に書くようになりました。田中君はかけがえのない絆とはどういうものか、身をもって教えてくれたのです。

通信簿は単に五段階の評価付けをするだけではなく、観察指導内容を詳細に示すためにページを張り足して長所をほめ、努力すべき方向性を示されました。だから生徒たちは通信簿のコメント欄を読むのが楽しみでした。例えば横田忠道君の通信簿にはこういう観察が書き添えてありました。

「今までの日記に、先生が赤いインクで書いたものを読んでごらん。先生が君の進み方をどんなに楽しみにしているか、よくわかると思う。体がとても強くなったね。これで一安心だ。どもりが近ごろ少しも聞かれなくなったよ。心が落ち着いてきた証拠だね。君の伸びを楽しんでいる」

こんなコメントを読んだら、誰でも自分は大切にされていると思うでしょう。「一人ひとりに対応する」――これが徳永先生の姿勢でした。

のちに作家となった石牟礼道子さんを教える

昭和二十年（一九四五）、佐敷（さしき）小学校に赴任した徳永先生は隣の佐敷町の実照寺に開設されていた代用教員練成所に出講し、そこで石牟礼道子さん（旧姓吉田）に会いました。教職資格を持たない臨時の代用教員だった石牟礼さんは、戦争のこと、国家のこと、人生のことを問いかけ、その悩みに徳永先生は真摯に向き合ってくれ、二人の間を手紙が何度も往復しました。そのころの自分を石牟礼さんは、

「教師であることが嫌で苦しく、自殺ばかり考えていました。徳永先生は胸の思いをぶちまけられた唯一の人でした」

と語ります。そんな石牟礼さんに徳永先生は「雨ニモマケズ」をひもといて、「生き苦しい世の中を生き抜くには、自分自身に正直であることだよ」と語り励ましました。

石牟礼さんはまだ十六歳でしたが、とても非凡な感受性をもっていました。石牟礼さんが戦災孤児のタデ子を自宅に引き取って五十日間世話したという話を聞いて、徳永先生はそれを文章にまとめるよう勧めました。そして書き上がったのが初めての習作『タデ子の記』です。

昭和四十四年（一九六九）一月、石牟礼さんは『苦海浄土――わが水俣病』（講談社）を出し、鎮魂の文学として絶賛されました。第一回大宅壮一ノンフィクション賞を与えられましたが辞退しました。副賞に飛行機による世界一周の恩典と、海外旅行のた

めに二千ドルの賞金が与えられているのに、水俣病患者の救済の目途が立たない限り、賞を受けるわけにはいかないというのです。いかにも肥後もっこすらしい理由です。

その翌年、徳永先生は手元にあった『タデ子の記』の原稿をガリ版で刷り、石牟礼さんに贈呈しました。石牟礼さんは行方不明になっていた幻の習作が二十五年ぶりに突然出現したことに驚き、早速先生に電話しました。

「あれは私がきちんとした文章で書いた最初の物語です。原稿を保存していてくださっていてありがとうございます」

そして『不知火おとめ』（藤原書店）に徳永先生へ宛てた若いころの手紙十一通を載せ、師の愛に感謝しました。また「幻の処女作」は『石牟礼道子全集』（藤原書店）にも収録されました。また昭和四十八年（一九七三）にはアジアのノーベル賞といわれるマグサイサイ賞を受賞しました。

同僚の教師たちが受けた感化

「ああ、どうして子どもたちはこんなにわからないんだろう。もう嫌になっちゃう」

「歯がゆいなあ。私はこんなに一生懸命教えているというのに、宿題もしてこないなんてどういうこと。こっちは四六時中、学校の仕事ばかりしているのに、父兄も子も私のことを全然理解してくれない。文句は言うし、すべきことはしないし、みんなレベルが低すぎる」

　愚痴ばかりこぼしていた長尾三和子先生は同僚の徳永先生に、亡くなった教え子の田中君が持っていたノートを見せられました。田中君が毎日徳永先生の机の上に提出した日記に、先生が赤ペンでコメントを書き込んだものです。そこでは先生と田中君のいのちが呼応し合っており、長尾先生は頭をガーンと殴られたような思いがしました。

　――私は子どもばかり責めているんではないか。私も子どもに日記を書かせ、赤ペンを入れ、子どもの心の揺れに付き添ってみよう。

　そうして子どもたちと日記を通して、心の交流をするようになりました。そのうち、長尾先生は新しいアイデアを得ました。毎日学級通信を出して、学級の誰かに焦点を当てて紹介する「ワンマン・コーナー」を設けようというのです。そこで毎日放課後ガリ版を切り、印刷をし、学級通信ができました。子どもたちは登校すると、まっ先に学級通信を読み、今日は誰のことが紹介されているのだろうと興味津々です。その子について、自分が知らないことが書かれています。

（へえ、あいつはそんなことやっているの！　すげえや、見違えたよ）

その日の主人公が学級のみんなの注目を浴び、学級がいきいきとしてきました。長尾先生も学校に行って子どもたちに会うのが楽しみになりました。

さらに若い母親たちが毎年一回以上徳永先生を囲んで集まりを持つようになりました。藺草（いぐさ）刈りでどんなに忙しくても、心の洗濯をしないと仕事にも精が出ないと言うのです。

こうして子どもたちの心を鷲づかみにし、見事な成果を挙げている徳永先生の教育が他の先生方にも影響を与えていき、学校の雰囲気すら変わっていきました。

教職について十年目の昭和十六年（一九三一）、国語教育の実践家で、優れた教育者だった芦田恵之助（えのすけ）先生に巡り合いました。そして芦田先生が刊行していた機関誌『同志同行』に連載されていた神戸大学教授の森信三（のぶぞう）先生の『修身教授録』を読み、目を見開きました。

「『人生、二度なし』――この根本認識に徹するところ、そこにはじめて叡智は脚下の現実を照らしめると云ってよい」

それは千古の歴史に耐えた箴言（しんげん）のようでした。以来、森先生が書かれたものを読んでみると、自分が考えていることと同じようなことが多々ありました。

例えば、師範学校―就職―高等師範―京大という傍流を歩んだため、京大の西田哲学で抜群の成績を収めながら、後継者としては選ばれなかったことから、大学アカデミズムを弊履のごとく捨て去り、京大大学院卒が普通就職する先ではない天王寺師範に就職し、一番の底から人生をスタートしたという潔（いさぎよ）さには、小気味いいものを感じました。

ものごとに執着せず、未練はすぱっと斬り捨てる。そして今眼前にあるものに、最大限集中していくやりかたは自分と同じだと感じました。

ここに師がおられる！　と直感した徳永先生は、門下に加えていただくことにしました。

第二章

徳永宗起さんの救世軍での更生教育活動

一　なぜ、徳永康起先生は無私の教育に打ち込めたのか？

この本は熊本県八代市で超凡破格な教育をなし遂げた徳永康起(やすき)先生のことを書いています。かゆい所に手が届くような、心配りの深い徳永先生の教育を調べていて、私はただただ驚嘆しました。

「徳永先生はなぜそこまで徹底して、恵まれない児童に心を配り、その目線まで降りて、抱きしめることができたのだろうか」

そう思い、電話で徳永先生がもっとも信頼していた教え子の一人、植山(うえやま)洋一さんに尋ねました。植山さんは現在、熊本県益城(ましき)町に住んでいます。すると植山さんは一冊の手記を紹介してくれました。

「徳永先生がもっとも尊敬されていた五歳離れた長兄の宗起(むねき)さんが、ご自分の人生をふり返って書かれた『哀歓三十年』という手記があります。これをお読みになったら、その疑問が解けるはずです」

私はその手記が郵送されてくるのももどかしく、配達されるや否や、早速読み始めました。そして没頭し、その夜は明け方まで読みふけり、なるほどそういうことだったのか！　と得心しました。感銘深く読み終わってフーッと深呼吸したとき、書斎の窓の外はいつの間にか明るくなっていました。そこで少し長くなりますが、徳永先生を勇気づけた兄宗起さんの手記を要約して紹介します。

ペスタロッチの精神にあこがれて

徳永宗起さんが青雲の志を抱いて熊本県立第一師範学校に入学したのは大正十一年（一九二二）のことでした。彼が教師を目指したのは、准教員養成所時代、ペスタロッチの伝記を読んであこがれ、教育こそ男の仕事だと思ったからでした。

ようやく家内制手工業の段階に入った十八世紀のヨーロッパは、貧民を恰好な労働力と考え、安い賃金で酷使しました。それを見たペスタロッチは悪習を止めさせようと、自助努力を助ける教育の必要性を説きました。

「貧民は彼ら自身が自らを助け、自立して、人間らしい生活をしていくのに必要な能力を身につけられるよう援助してやるとき、初めて真に救われるのです。ゆめゆめ施し物によって救済されるなどと考えるべきではありません。貧民救済活動の中心は、自立をうながす教育でなければなりません」

教育に革命をもたらした
ペスタロッチ

そこには「神の似姿」である人間を育てようというキリスト教的使命感がありました。

「私たちは同胞のうちにある神の似姿に対して、大きな責任を負っています。偉大な人と乞食との違いはどれほどのものだと言うのですか。本質的には違いなど、ほとんどありません」

ペスタロッチはそう断言して、貧民学校を開設して教育を施しました。しかしながらペスタロッチのそうした試みは幾度か挫折し、友人たちは彼が精神病院で生涯を終えることになるのではないかと心配したほどです。

しかし、ペスタロッチは立ち直って学校教育を続け、スイスの西北部のイヴェルドン市で開設したイヴェルドン学園はだんだん評判を呼んで、生徒もヨーロッパ中から来るようになりました。いや生徒だけではなく、他の学校の教師たちがペスタロッチ主義の教育を学ぼうと、イヴェルドン学園に滞在し、理念や授業方法を学びました。こうしてイギリスやフランスなど、各国にペスタロッチ主義の学校が開設されていきました。

ペスタロッチ自身はもっともっと貧民教育をやりたかったのですが、志と違って、イヴェルドン学園はエリート教育として名声を得てしまいました。政府の諮問機関はペスタロッチの教育を視察して、「彼の学校では教師は子どもの同輩のように行動し、むしろ子どもから学んでいるようにさえ見える」と報告しています。

挫折、求道、そして上京

宗起さんは師範学校でそうしたペスタロッチ式の教育を学べるものだと思って意気揚々と入学しました。生まれて初めて洋服の制服を着、新しい制帽を被り、金七円也で足に合わせて作った革靴を履いて、兵営式の寄宿舎でのベッド生活が始まりました。希望は虹のごとく輝いて、勉学に打ち込みました。しかし、どうも様子が違います。

師範学校は教育愛に燃える教師たちの養成所ではなく、帝大や一高、二高などのナンバースクールのようなエリートの気風が支配しており、ペスタロッチのように、生徒中心の教育の場ではありませんでした。現実に打ちのめされ、根本的なところに疑念が生じると、学業が身につかなくなり、成績もがた落ちしていきました。

いかに生きるべきか……。

何にこのいのちを捧げるべきか……。

と模索が続きました。しかし、人生の根本問題はそう簡単に解決策が見つかるものではありません。独り懊悩しているうちに、市内手取本町に熊本天主公会堂があることを知りました。天主公会堂は郷里の叔父夫婦が人吉教会に熱心に通っていたので親近感を覚え、ひょっとしたらそこで人生の疑問が解けるかもしれないと思い、通い始めました。

応対してくれたのは、八十歳を超えたフランス人の老司祭でした。司祭は毎週土曜日、十六歳の宗起さん一人に、問答形式で書かれているカトリックの教義書『公教要理』を解説してくれました。それによってカトリックの教義についての理解は進みましたが、人生の疑問が解け、自分自身が〝キリストの愛〟にとらえられるというところまでは行きませんでした。

結局、宗起さんは師範学校を辞め、家に閉じこもってしまいました。しかし、いつまでもそうしているわけにもいかず、関東大震災が起きた年の大正十二年（一九二四）秋、東京に出て、神田明神近くの下宿に住みました。そこにKさんが下宿しており、慈善活動をしているキリスト教の一派メソジスト派の救世軍でつい最近「新生」の体験を得たらしく、盛んに宗起さんを誘いました。Kさんは宗起さんがまだ知らない「新生」体験を熱っぽく語るので、それに心を動かされました。

救世軍で得た目くるめく新生体験

それではとにかく行ってみようと、空っ風が吹きすさぶ一月の夜、Kさんに連れられて、神田・聖橋（ひじりばし）にあるバラック建ての教会を訪ねました。宗起さんは生きる意味を見失っていたので、気が抜けたようにトボトボとついていきました。関東大震災の直後なので、焼け跡にはどこもかしこも急場しのぎに建てたバラックがひしめきあっており、荒涼としていました。

　でも救世軍の教会で宗起さんが見たものは、神やキリストを言葉で語るのではなく、恵まれない人々にキリストに代わって奉仕しようと、生き生きと立ち働いている信徒たちの姿でした。それはかつてカトリックの老神父が「もっとも小さい者の一人にしたのは、すなわち私（神）にしたのである」と、「マタイによる福音書」第二十五章に載っていることが、文字通り行われていたのです。イエスが、

「あなたがたはわたしが空腹のときに食べさせ、渇（かわ）いていたときに飲ませ、旅人であったときに宿を貸し、裸であったときに着せ、病気のときに見舞い、獄にいたときに尋ねてくれた」

と感謝されたように、救世軍の信徒たちは人々に心から尽くしていました。

それこそは宗起さんが一番見たかったことでした。自分が満たされているからこそ、人々に親切にしてあげられるのです。そう思ったら、信徒の一人ひとりがどういう内的体験をしているのか、いっそう興味が湧きました。

だから救世軍の集まりに出て、みんなの信仰体験を聴くのが楽しみになりました。それぞれ深い宗教体験を持っているからこそ、言葉が通じない東洋の一島国にわざわざ出かけてきて、奉仕活動に挺身しているのです。

神田・聖橋の救世軍本営に来るときは、気落ちしてしょんぼりして、暗く寂しいところにいたのに、いきなり明るいところに出され、春の光を浴びて、体が天地いっぱいに伸びたようで、身も心も自由になりました。宗起さんは往路ではさ迷う悲しき魂の持ち主よろしくトボトボと歩いていたのに、復路は欣喜雀躍、凍てついた歩道を跳ねんばかりに小躍りして帰っていきました。

肺結核にかかり、生死の境をさ迷う

宗起さんは早速救世軍に入隊し、さらに洗礼を受け、キリスト教信者になりました。ところがその知らせを受けた父定敏さんは真っ赤になって怒りました。

というのは、徳永家はただの庄屋ではなく、大野村に浄土真宗の光勝寺を建立したほど篤信者で、村における浄土真宗の代表格でもあったのです。

母方は代々医者で、父方は葦北の下級武士。しかし思うところあって入道して永了と名乗り、境を越えて薩摩藩に入り、浄土真宗の布教活動を行っていました。ところが薩摩藩は一向宗とも呼ばれて熱心な信徒が多い浄土真宗に手こずり、宗教弾圧を始めたのです。やむを得ず永了は、蓮如の真筆と伝えられる「南無阿弥陀仏」の六字の名号を奉持して肥後に逃げ帰り、大野村における浄土真宗の総代となりました。

徳永家の跡取り息子が耶蘇教（キリスト教）に宗旨替えをしたとあっては先祖に申し開きができません。定敏さんは八方手を尽くして引き戻そうとしましたがどうにもならず、勘当するしかありませんでした。

ひと悶着あったものの、晴れてキリスト教信者になることができた宗起さんは、見習い伝道者として信州上田や長野市に派遣されました。救世軍の徽章がついた制帽を被り、濃紺の制服の詰め襟には、「サルベーション・アーミー（救世軍）」の頭文字のSが白くくっきりと輝いていました。

宗起さんは「仙人のごとく生き、馬車馬のように働く」ことが伝道者の務めだと思い、がむしゃらに働きました。でも、無理がたたって倒れ、意識が混濁したまま病院に運ばれました。救世軍のキリスト教学校に九月一日に入学する前日のことでした。

診断は、当時〝死の病〟と恐れられていた肺結核でした。
(ぼくはまだ十九歳！　人生はこれからだというのに、若い身空で死にたくない！
どうぞ助けてください)
と、神さまに祈りました。でも宗起さんの病状は連日の喀血と寝汗が続き、予断を許さず、生死の境をさ迷い、もう最期だと思って遺影を撮りました。

どうぞ私に使命を果たさせてください！


ところが同じメソジスト派の信仰を持つ松田三弥院長は別な見方をしていました。

「人間はその使命が終わるまでは決して死なない！」

院長のその確信が宗起さんを励まし、それを心の支えとして、今度は命乞いではなく、使命を果たさせてくださいと祈り続けました。

「ああ主よ！　どうぞ私に使命を果たさせてください。助かりたいから、すがるのではありません。この世に生を受けた証しとして、私に課せられた使命を果たしてから死んでいきたいのです」

宗起さんの周囲では肺結核患者が次々に死んでいきます。ところがどうしたことか、宗起さんは薄紙を剥がすように徐々に回復していったのです。信仰の勝利と恵みだと思うと感謝でなりません。とうとう退院に漕ぎつけ、病院の外に出たとき、深く心に決意していました。

（私はあわや死ぬところを助かった。これからは人々のお役に立ちなさいという神の思し召しだ。そのために尽力させていただこう）

そう思うと肩から力が抜け、のびのびとした気持ちになりました。群青色の空の青さ、湧き上がる雲の白さが目に沁みます。神が新しい出発を祝福してくださっているようでした。一時熊本に帰郷して静養し、再出発のために体力を養いました。

救世軍の創始者ブース大将

松田院長は不思議な体験を持っている人でした。明治四十年（一九〇七）、救世軍の創立者ウイリアム・ブース大将が来日したとき、当時、東京大学医学部の学生だった松田青年は神田三崎町の劇場で催された講演を聴きに行きました。ところが会場は超満員で数百名が中に入れず、謦咳（けいがい）に接することができませんでした。仕方なく立ち去ろうとしていると、講演が終わって外に出てきたブース大将が長時間

救世軍を率いたブース大将

立ち尽くしていた聴衆を見て、馬車に乗り込む前、手を振って深々と会釈したのです。濃い髯に白いものが交じっている顔は神々しいまでに輝いていました。松田青年はその顔を見て、この人の下で働いたら間違いないと確信しました。

東大医学部を恩賜の銀時計をもらって卒業した松田青年は、立身出世が確約されたポストには目もくれず、日本人初の救世軍士官（牧師）となった山室軍平の求めに応じて、下谷御徒町（したやおかちまち）の救世軍診療所に身を投じ、貧者の診療に従事しました。

昭和三年（一九二八）、ひびが入った割れ物を扱うような細心の注意をして再び上京し、救世軍東京教区本部長の下で初勤務し、ついで本部書記長官部に勤め、さらに後年アメリカ救世軍の総司令となったアーネスト・パグマイヤ師に仕えました。その後、聖書学校を卒業し、岡山市にある中国教区本部に配属になり、第一線での勤務に明け暮れました。さらに、関西、東京で活動し、さらに満州は大連に派遣されて活動に従事し、帰国後は名古屋に転勤して奉仕しました。

二　宗起さんの転機となった少年保護事業所

希望館は絶好の神の配慮だ！

昭和十四年（一九三九）、宗起さんは大阪少年審判所管内の少年保護事業である希望館の第四代館長代理になりました。前館長が病気で倒れたので、急遽(きゅうきょ)指名されたのです。

家族をつれて赴任してみると、わずか十二名の寮生が起居している希望館なのに、窓ガラスが三十八枚も割れたままで補修されておらず、荒れた状態で放置されていました。

集合と声をかけても、のろのろとしか集まってこず、笑顔を忘れ、白い目で絶えず周囲をうかがっています。履物をはかせると脱走が多くなるというので、靴を履くことを禁止していました。だから誰もが裸足で庭に下り、そのままその足で廊下に上がるので、廊下も講堂も礼拝堂も二階の居室も裸足の跡で汚れていました。布団は長いこと陽に干さないのか湿っており、寝室は異様な臭気がこもっていました。

経営状態が悪いので、三度の食事は顔を見合わせるような粗食と量しか出ませんでした。先任の職員たちはサジを投げたような批評ばかり述べます。

「連中はタチの悪い悪質者ばかりで、箸にも棒にもかからない手合いです」

「とても粗暴で、油断も隙もありません」

「みんな危険な連中で、いつ不穏、不祥事が起こるかわかりません」

「やつらは改善感化の対象にふさわしくない連中ばかりです」

これでは職員と少年たちがかみ合うはずがありません。

職員たちが不平をこぼしたように、二週間経ち、三週間経っても、少年たちは一向に打ち解けてくれません。物心ついてからこの方、長い年月の間、彼らは家庭でも学校でも職場でも不良の烙印が押され、警戒され、白眼視されてきたので、硬い殻に閉じこもっており、簡単に破れるものではありませんでした。彼らはすべての大人たちを疑っていて、指導者は眉唾ものと決め込んでいて、難攻不落なように見えました。

どうやってこの壁を突き崩そうかと思案していたとき、ある考えが湧いてきました。

（私は師範を卒業したら教壇に立つことができたのに、そこを中退して遠回りし、導かれるままに救世軍に身を投じた。そして結核療養所で一命を取り留め、その後、各地で十七、八年間、任務を遂行し、今思いもかけず、青少年の更生教育の現場で働くようになった。

この青少年の教育というのは私がもともと志していたことではないか！　ひねくれてかなり手ごわい相手だけれども、これを神の摂理、神の恵みといわず、何と言おうか。

この境遇は世に貧民学校と指さされたころのペスタロッチの境遇と似通っている。私はこの少年たちを立ち直らせる力をつけるために、方々に遣わされて訓練され、今ここに遣わされたのだ！　ここはすばらしい人生道場だぞ）

そう思い至ったとき、宗起さんは天の配剤の妙なることに心打たれる思いがしました。だから俄然力が湧き、少年たちに対する愛と希望が燃え上がりました。すると不思議なことに、少年たちを悪く考える気持ちが消えてゆき、非行少年に対する世間の冷たさを見聞きすると、逆に非行少年たちの味方になり、かばっていました。

協力的な職員が入院してしまって戦力から外れたり、非協力的な職員が割に合わない勤務から去っていったりして、希望館の混乱は続きましたが、宗起さんは悲観しませんでした。

私は掃除夫、妻は炊事係だと割り切った

宗起さんは、私の肩書は館長代理かもしれないが、実際は廊下や各居室を掃除し、整理整頓する掃除夫で、妻は三度三度の炊事係だと思うことにしました。館長代理と思っていると、ついつい指導者面してみんなを見下していることに気づいたからです。

それにみんなは毎朝、不承不承に起き出していやいやながら掃除をし、見えないところで手抜きしてサボっているような掃除が良かろうはずはありません。責めても仕方がありません。なるべく少年たちの目につかないよう、少年たちの勉学時間や労作時間を見計らって、便所、洗面所、居室と雑巾（ぞうきん）がけをしました。するとそれを続けているうちに、三吉という少年が、

「館長、手伝いまっさ」

と申し出て、拭き掃除を始めました。「三吉君、ありがとう。とても助かるよ」と感謝すると、敏捷な三吉君が館長の雑巾をひったくり、ぼくに任せておくんなさいとまめに掃除するので、だんだん廊下に泥が上がらなくなりました。

「こりゃすごい。廊下が、ぼくが髯を剃るとき使う鏡の代用になるほど、ピカピカに磨き上げてくれ」

と館長は励ましました。三吉君が一生懸命やっているので、他の少年たちも協力するようになり、泥足の習慣はいつの間にか改善されました。廊下の輝きが増すにつれ、三吉君の人相も輝きを増していきました。

「おい、三吉君。ついでに君の心も磨けよな」

と言うと、館長の冗談に三吉君は首を縮め、ぺろりと舌を出して照れました。

奥さんは乏しい財政の中、足繁く市場に通い、なるべく栄養価の高くて鮮度のいい食品を買い求め、満腹感を覚える献立づくりに苦心しました。食卓に心のこもった工夫のあとがありありと見え、食事の時間が華やいでいきました。奥さんは四人の小さい子どもたちの子育てをしながらだったので、寝る時間もありませんでした。

超弩級のワルA君が貢献した！

希望館に住んでいる少年の中に、大阪の今宮辺りを根城に、恐喝、空き巣、かっぱらいをくり返していた超弩級（ちょうどきゅう）のワルがいました。ご多分に漏れず、彼には罪悪感など微塵もなく、悪の塊（かたまり）のようでした。

ところが夕食後、庭で遊んでいる宗起さんの子どもたちが無邪気に、「○△□のお兄ちゃん」と呼んでじゃれています。赴任するとき、小さな子どもたちもいっしょに行くというので、それは止めた方がいい、何が起こるかわからないからと止められたのですが、無邪気な子どもたちの信じ切った笑顔は性悪たちの気持ちをほぐしていました。

A少年と子どもたちの交流が深まるにつれ、心なしかA君の人相も変わってきました。ある夕方、屑鉄拾いに興味を持つA君が、庭の片隅で埋もれていた鉄片を掘り出しました。

「徳永先生、鉄板らしいものが埋もれていました。もっと掘ってもよろしゅうおますか?」

許可すると、嬉々として掘り起こし、作業に熱中しています。

「A君、その調子で掘れば、水が出ないだろうか? そこに井戸ができると、庭木の潅水や洗濯、行水に便利なんだけどなあ」

するとA君は「先生、やってみますか?」と請け負い、毎夕、休憩時間に独力で穴掘りを続け、とうとうきれいな水を掘り当てました。コンクリートの井戸枠を四、五本入れるころには他の少年たちも手伝い、ついに完成しました。徳永館長も奥さんもみんなも大喜びし、庭の打ち水に庭木の潅水に洗濯、行水にと、大助かりです。

徳永館長や奥さんやみんなに感謝されて、A君はすっかり自信を持ちました。以後、亜鉛カン作業に抜群の成績を挙げるようになり、とうとう退館（卒業）に漕ぎつけました。そして退館後は、道路一つ隔てた鉄工所で一番の働き手になり、重宝がられました。

一つのことに自信を持ち、誇りを持てば、次の能力開発につながり、人間を立ち直らせることをA君は如実に示しました。そういう事例がどんどん出てきて、希望館は建設的な笑い声で満ちあふれるようになり、希望館は大阪で模範的な少年保護事業所に変わっていきました。そして松下乾電池㈱の亜鉛カン作りを委託され、また海軍監督工場である大正重機協同組合工場に生産挺身隊を送るよう要請されました。こうして徳永館長は更生教育で高い評価を得るようになりました。

救世軍の慈善活動の中で、更生教育は重要な社会事業でした。それだけに徳永館長が更生教育で実績を出すようになったのでありがたがられました。

お供えの飾り餅を食べてしまった！

昭和十六年（一九四一）一月、宗起さんが寮長として香川県坂出市の少年収容施設・瀬戸内寮に勤めているときのことです。大阪の希望館が模範的な産業挺身隊に変わっていったように、瀬戸内寮も新しい徳永寮長の下、変わりつつありました。

ところが寮長が不在のとき、保護少年たちが食堂に供えられていた正月の飾り餅を焼いて食べるという不祥事が起きました。大東亜戦争が始まって物資や食糧が欠乏していたので、腹を空かせた少年たちが飾り餅を焼いて食べてしまったという事情はわかります。しかし宗起寮長は少年たちを厳しい口調で叱りました。

「君たちは、何という情けないことをしたのか。これは普通の餅じゃなくて、神さまへのお供えの餅だぞ。こんな愚かな行為で、私たちの産業挺身隊全体の名誉を傷つけてしまったではないか。些細（ささい）な行為とはいえ、私は不問にすることはできない。不問や見逃しは次の失敗に繋がるからだ。従ってしっかりとケジメをつける必要がある」

　五十名ほど寮生がいる瀬戸内寮は産業挺身隊の名前で造船所や鉄工所などに人員を派遣し、優秀な成績を収めて表彰され、それが誇りとなっていたのです。でも、少年たちはたかが飾り餅を食べたぐらいで何だと軽く考え、せせら笑いすら浮かべていました。でも寮長は真剣です。

「今から、その責任者を処罰する。だがその前に君たちは私の言い付け通りに実行することを誓うか！」

　と全員に求めました。みんなは「従います」と誓わざるを得ません。ところがその瞬間、徳永寮長の中にイエスの声が臨みました。

(罰せられるべきなのは彼らじゃない、お前だ。お前の姿勢は私のものとは似ても似つかず、パリサイ人そのものだ！　お前は相手を責めているではないか！　いつ私がそうしたのか？)

それにはギョッとしました。明らかにイエスの声です。

(人を悔い改めさせるのは律法ではない！　愛だ。あの女が悔い改めたのは、『姦淫してはならない』という律法によってではなく、私があの女に流した涙のゆえだった。いま寮生たちを罰したら、みんなは心を閉ざし、お前を拒否して、逆の結果を招くことになってしまうぞ)

寮生を罰すべきではないというのです。徳永寮長はあわてました。

(……ここで彼らを責めるべきではない？　じゃあ、どうしろと言うのですか？　このままでは秩序は保てません！)

寮長は承服できませんでした。

罰として往復ビンタ百発！

でも、寮生の前で寮長自身の口をついて出たのは、思いもかけない言葉でした。

「罰として、責任者にはみんなで左右往復二発のビンタを食らわせる。いいな！

この寮の最高責任者はこの私だ。今度の不始末のことで、真っ先にお詫びしなければいけないのは私であり、懲罰を受けるべきなのは私だ。サアみんなで私を処罰して、ビンタを食らわせ！」

そう言って頭を差し出しました。一同は唖然とし、動揺が走りました。寮長はちっとも悪くないのに、なぜ寮長をお仕置きするのか？　でも、寮長は一人ずつ前に進ませ、順番に自分の頬を平手打ちさせました。遠慮して軽く叩いた者には、「駄目だ！もう一度やり直し」と叱責し、再度叩かせました。そのため宗起寮長の両頬は何十発もの往復ビンタを食らい、赤く腫れ上がり、口の中が切れ、唇から血がしたたり落ちました。

まさかの展開に寮生が涙声で、

「寮長、許してください。寮長を叩くなんてとてもできません」

とお詫びしました。寮長はふらふらして傾いてしまう体を奮い起こし、駄目だ、約束だ、ちゃんとお仕置きしろと怒鳴りました。

みんなは正視できなくて、ある者はうつむき、ある者は天を仰いで必死に涙をこらえています。列の中で誰かが口を押さえて嗚咽していきます。叩く順番が回ってきた者が、

「寮長、駄目です。かんべんしてください。とても叩けません」と泣きだしました。徳永寮長は立っているのもやっとでふらふらで、よくぞ気を失わなかったものです。こうして五十名全員が終わるころにはみんな泣いていました。

「寮長、すみません。あんなことはもう二度とやりません」

「さあ、終わった。みんな、厳しく折檻してくれてありがとう。私も今日限り心を入れ替える。これから瀬戸内寮が新しく出発する。お祝いしようじゃないか！」

寮長は腫れあがった顔で、血糊がついた手のままで一人ひとりと握手し、再出発できたことを喜び合いました。

三　もしイエスさまが教師だったら

涙ながらの悔い改め

その後、徳永寮長は一人寮を出て、海辺に行きました。暗い海面に月の光が穏やかにキラキラ反射し、一条の光の道ができていました。肌寒い夜の潮風が吹いていて、思わず襟を立てました。百発ものビンタを食らって腫れ上がった両頬と切れた唇を潮風に冷やしていると、さまざまな反省が浮かんできました。寮長はいつしかひざまずいて祈っていました。

「天なる父よ、元はといえば私が悪いのです。お腹を空かしている彼らをもっといたわっていれば、お飾り餅を失敬して食べはしなかったと思います。親としての育む情が薄かった私をどうぞ許してください。いま彼らが一番欲しがっているのは、育んでくれる親の愛でした……」

祈っていると溢れる涙を抑えることができません。冬だというのに、どこかで虫がチチチ……と鳴いています。澄み切った月が地上に穏やかな光を投げかけており、祈りの声はいつしか嗚咽に変わりました。

「いつの間にか、私は彼らを箸にも棒にもかからない連中だと見なし、更生させてやるんだと力んでいました……。でも、彼らが必要としていたのは叱責ではなく、育んでくれる親の愛でした。それなのに私は居丈高に接し、立ち直らせてやろうと思っていたのです……。

気がついてみると、瀬戸内寮は彼らを立ち直らせる場所である前に、私の愛を育てる道場なのでした……。私が成長して変われば、彼らがそれだけ自由になり、大きく成長できるのでした。それなのに私は自分のことは棚にあげて、彼らを更生させようと思っていたのです。折檻する直前になってそのことに気づかせていただき、罪を上塗りせずにすみました。本当にありがとうございました……」

祈り終わって目を開けると、奥さんが隣でいっしょに祈っていました。

「お前、申し訳なかった。気苦労ばかりかけて……はらはらしただろう。

でもようやくイエスさまのことがわかってきた。キリスト教に入信してもう何年にもなるというのに、私はイエスさまの愛の奥行きの深さを全然知らず、ただ表面をなぞっているだけだった。今度のことで私はようやく神の秘跡に触れ、真に生まれ変わったように思う」

静かな口調でそう言うと、奥さんはわっと泣きだしました。そして泣きはらした顔を上げて、ポツリと答えました。

「今まで少しも支えになることができず、申し訳ありませんでした。でもやっと曙光(しょこう)が見えましたね。これで瀬戸内寮も変わっていくでしょう。イエスさまに感謝します」

こうして瀬戸内寮は世間の人たちが一目置くような模範的な施設に変わっていきました。

規則が人を変えるのではない！

宗起さんがキリスト教に入信して洗礼を受けたので、父親は怒って勘当し、音信不通になったことは書きました。しかし弟の康起さんには概ね生活状況は知らせていたので、康起さんは教師として就職すると、学校が夏休みに入る期間は毎年、救世軍で更生教育活動をしている宗起さんを訪ね、希望館や孝子寮、そして瀬戸内寮を手伝いました。

救世軍の更生教育活動を手伝うたびに、それは半端ではなく、義務教育である学校教育のほうがまだまだ甘っちょろいと反省しました。徳永先生が恵まれない子どもたちに親身になって目をかけるようになったのは、宗起さんの感化だったといえます。

康起さんは昼間、保護少年の更生活動を手伝い、夜は寮長室で兄の話を聞きました。宗起さんは浴衣の胸を広げ、団扇で扇いで涼を取っています。明け放した窓から涼しい風が吹いてきて、窓辺に吊るされた風鈴をチリーンと鳴らしていました。

「昨冬起きた瀬戸内寮での往復ビンタ事件が兄さんの更生教育の転換点になったんだと知りました」

弟の質問が自分の更生教育の核心に触れたので、宗起寮長は心を込めて語りました。

更生活動は信仰の具体的実践だったのです。

「そうなんだよ、あの日までは俺の中には、『こいつらの性根を叩き直して、まともな人間にしてやる』という思いがあった。一応、これでもキリスト教信者の端くれだから、表面からは居丈高なものは消しているんだが、本音では俺はあいつらのようにてれんぱれんしとらんと思っていた。だからおこがましくも、矯正してやろうなどという高慢な姿勢があったんだ」

「ところが意外な展開になって、懲罰の直前になって、自分の姿勢をこそ正さなければいけないと気づいたんですね……」

「俺は『ヨハネによる福音書』八章に書かれているイエスさまのことがずっと頭にあった。姦淫の場で捕らえられた女が律法学者やパリサイ人によってイエスさまの前に引きずり出され、『モーセは律法に従って、こういう女は石で打ち殺せと命じている。さあ、お前はどうする！』と責めたてられたという件だ……」

この箇所は「ヨハネによる福音書」のもっとも有名なところで、イエスの姿勢を端的に示しています。康起さんは兄の勧めによって聖書を読んでいたので、そのエピソードはよく知っていました。

「ところがイエスさまは身を屈めて、指で地面に何かを書いておられた。しかし、パリサイ人たちがやんやと責め立てるので、イエスさまは身を起こして彼らに言われた。

『あなたがたの中で罪のない者が、まずこの女に石を投げつけるがよい』

それを聞くと、律法学者やパリサイ人たちは互いに気まずくなり、一人去り、二人去りして、ついに誰もいなくなった……。

あのとき、イエスさまは『あなたがたの中で罪のない者が……』と言われた。そう言われると、みんな思い当たることがいくつもあった。だから石を投げつけることができず、一人去り、二人去りして、広場からみんな立ち去ってしまった……」

寮長は件の聖句をそらんじました。

人を変えるのは〝愛〟だけだ！

「『女よ、みんなはどこにいるか？　あなたを罰する者はなかったのか？』

『いえ、誰もございません』

『私もあなたを罰しない。さあ、行きなさい。今後はもう罪を犯さないように……』」

薄暗い電灯が宗起寮長を照らし、その光が窓の外の芝生の庭をほのかに照らしています。

「康起、俺はイエスさまが罪を犯した女に対して取られた姿勢がどういうことなのか、ずっと考えていた。あのとき、ユダヤ教の祭司や律法学者に、イエスさまは姦淫の女を庇(かば)おうとしていると見なされることを極めて不利だと思われたに違いない。でも、あえてイエスさまは誤解を招きやすい立場に身を置いて女を庇われた。

そして咄嗟に出てきたのが、『あなた方の中で、罪のない人がこの女に石を投げなさい』という言葉だった。結果的には裁きの庭にいることすら耐えられなくなって、みんないなくなった」

宗起さんは女の心の中で起きた絶対的な変化について述べました。

「イエスさまは罪を犯した女を全然責められなかった。むしろそうなってしまった女の事情を汲みとり、いっしょに泣かれたのではないか。女はイエスさまが自分のことで胸をつぶして泣いておられると感じたとき、初めてはらはらと涙をこぼし、イエスさま、ごめんなさいと心からお詫びした。

それに引き換え、俺はどうだ。みんなが手を付けられないワルになったのは事情があったに違いない。思うこと、なすことが目論見から外れて、にっちもさっちもいかなくなった。彼らも苦しかったんだ。でも、おれはそういう事情をおもんぱかるのではなく、手も付けられないアウトローになったことを責めていた。

今度の鏡餅を食べた件でも、俺はみんなを責め、あまつさえ罰を加えようとしていた。律法の厳守を唱えて、正義面していたパリサイ人そのものじゃないか！　既のところでそのことに気づいたから、俺はみんなに罰を下すことを止め、代わりに寮長である自分自身を罰することにした。あれはみんなに申し訳なかったとお詫びする悔い改めのお仕置きだった……」

「そうだったんですか。もし、あのままみんなを罰していたら、寮長と寮生の間には越えることができない決定的な溝ができたでしょうね」

「そうなんだ。瀬戸内寮は手がつけられないほどに混乱しただろう。だから俺も寮生も共々、既のところでイエスさまに助けられたんだ」

「なるほど、正義を振り回すパリサイ人であってはならないというのはそういうことなんですね！　私は全然気づかなかった……。イエスさまの愛って深遠なんですね。もう一度静かに祈ってみます」

　事の顛末を聞き、康起さんはイエスの教えの奥深さに改めて驚嘆し、祈り、黙想することの大切さを知りました。夏休みのたびに兄を訪ね、いっしょに活動して、康起さんは教師として一皮も二皮も剥けました。

　宗起さんは、戦前から戦中にかけて救世軍で奉仕すると、戦後は熊本に帰って、鹿児島県との県境の球磨郡大野村（現芦北町字大野）に住み、農民組合の発足に参加し、地元の農業振興に尽力し、熊本県農民組合連合会長に選出されました。

第三章

子どもたちと日々触れ合いたい

一　合志義塾での少年時代

徳富蘇峰の大江義塾

徳永先生は明治四十五年（一九一二）七月三日、熊本県葦北（あしきた）郡大野村（現芦北（あしきた）町字大野）で生まれました。そして大野尋常小学校高等科に進みますが、小学校六年生のとき、のちの徳永先生を髣髴（ほうふつ）させる事件が起こりました。熊本市から赴任してきた先生が山あいにある大野小学校を〝田舎の学校〟と見下すような言い方をし、加えて以前勤務していた小学校の自慢話をしたのです。これにたまりかねた徳永少年は先生に飛びかかって抗議しました。持ち前の反骨精神はすでに十二歳の少年に表れていたのです。

こうして小学校を無事卒業することになりましたが、また問題が発生しました。徳永少年は他の子どもより一年早く入学して卒業を迎えたため、熊本師範学校に進むには、受験年齢が一歳足りませんでした。

そこで大野村の村長でもある父・定敏さんは熊本県内の村長仲間の徳富助作に相談

すると、県北の合志郡西合志村（現合志市）で顕著な教育実績を挙げて話題になっていた「合志義塾」を紹介してくれました。

明治二十三年（一八九〇）、教育勅語が渙発されると、それに刺激された小学校教師の工藤左一氏は教育勅語精神によって建国の基礎をつくろうと、新しい小学校の開校を決意しました。工藤氏は従来の小学校教育ではものたりなかったのです。

参考にしたのが、明治十五年（一八八二）、熊本県を代表する知識人徳富蘇峰が同志社英語学校を退学したあと、熊本市に開塾した「大江義塾」でした。

徳富蘇峰は明治から昭和、戦後期にかけて日本を代表する大ジャーナリストで、「国民新聞」を発行し、後に百巻もある大著『近世日本国民史』を著した人物です。思想家として教育にも一家言持っており、同志社をモデルに自由主義を標榜した教育を行おうとして大江義塾を開塾したのです。

その徳富蘇峰と徳富助作は従兄弟で、京都同志社英語学校（現同志社大学）で共に学んだ仲なので、喜んで仲を取り持ちました。合志義塾は通常、初等科二年、普通科三年ですが、康起さんは中途入塾が許され、一年だけ学ぶことになりました。

工藤左一塾長が意図した教育

創始者の工藤左一塾長は『論語』と『孝経』を基礎に、人間教育に徹していました。工藤塾長と平田一十（いちじゅう）副塾長が全身全霊を込めて教育するので、義塾には生気がみなぎっていました。義塾は私立学校令に基づく学校ではなかったので、初等科、普通科の合計五年間学んでも何らの公的資格は得られません。にもかかわらず、工藤塾長と平田副塾長の熱意に魅せられて、入学希望者はあとを絶ちません。生徒数二十五名で始まった小さな学校だったのに、年々入学希望者が増え、遠く中国、台湾、朝鮮からも入学者がありました。

徳永少年たちが塾長から学んだ『論語』に、

「悪衣悪食を恥ずる者は、いまだ与（とも）に議（はか）るに足らず」

という一節があります。つまり、粗末な衣服や食事を恥ずかしく思っている人とは、道徳や修養について、共に語り合うほどの値打ちはないという意味です。それが義塾の気風を表しており、徳永少年たちはそれを文字通り、実践しました。

あるとき父が塾を訪ねると、冬だというのに康起さんは青縞の単衣（ひとえ）、よれよれの帯、素足にワラ草履（ぞうり）といういで立ちで、どう見ても乞食の子どもにしか見えません。定敏さんは大野に帰ろうとうながしましたが、康起さんは、「自分で決めたことだから、中途で投げ出したくない」と拒み、退塾を断りました。

ところで工藤塾長は〝清掃〟を〝洒掃（せいそう）〟と書いて、その違いを説明しました。「洒掃というのは通常の清掃とは違う。水をそそいで清めるという意味で、それほど丹念に、心を込めて磨こうという意味だ」

だから掃除はとても丹念に行われました。卒業式における表彰は優等生の表彰ではなく、「交友に信望があるかどうか」と「掃除を精勤しているかどうか」でした。しかもそれは卒業式の場で晴れ晴れしく表彰するのではなく、通知表の備考欄に記入されるだけでした。

徳永少年は「交友信望」「洒掃精勤」という最高の評価を受けて卒業しました。徳永先生の清掃は合志義塾で学んだ筋金入りだったのです。

徳永少年にとって、合志義塾で、工藤塾長、平田副塾長に学んだことは大きいものがありました。わずか一年間だけの学びでしたが、あるべき教師の原像に接した思いでした。すでに師範学校を出て教師になろうと夢を描いていたので、具体的なインパクトを得た思いでした。

戦後、新しい義務教育制度が整備され、私立学校令に基づかない私塾の合志義塾は昭和二十四年（一九四九）三月に惜しまれながら閉塾しました。しかしそれまで実に五千名の卒業生を世の中に送り出しています。

残念ながら合志義塾は閉塾し、その跡地には石碑が残っているのみでした。かつて塾生たちが正座して塾長の講義に聴きいった講堂も、今は牛小屋に改造され、甍が当時の面影をわずかに伝えているのみでした。

兄の後を追って教育者を目指す

昭和二年（一九二七）四月、兄の後を追って熊本県立第二師範学校（卒業時には第一師範と合併）に学びました。なぜ熊本第二師範に進学したかというと、後述しますが、兄が第一師範に失望して中退したからです。入学して第二師範の教育の実情を知ると康起さんも失望し、兄と同じように飛び出そうとしました。しかし、兄が師範を出奔したとき泣いて苦しんだ両親の姿を見ていたので、父母を悲しませてはいけないと堪えました。

康起さんは兄にスイスの教育者ペスタロッチを読むように勧められたので、時間を忘れて読みふけり、ペスタロッチのような全人教育を目指そうと思いました。

それに宗起さんが熊本聖公会堂の門を叩いてキリストの教えに触れたように、カトリックに人生の指針を求めました。宗起さんはメソジスト派の信仰を持つことによって、迷うことなく人々に身を捧げられるようになったので、同じような感化を受けたいと思い、洗礼を受けました。

昭和八年（一九三三）四月、球磨郡岡原尋常小学校の下槻木分校に赴任するとき、母は意気込む徳永先生を諭しました。

「人さまの子どもを預かるんです。大事にしてね」

その母の言葉が徳永先生の教育の原点になりました。

県境の分校に赴任し、天真爛漫な子どもたちと時間を過ごしていると、俺の下坐行は山奥の分校での教育だと、欣喜雀躍する毎日でした。それに誰知らぬ山奥の谷間に流れている谷川のせせらぎは、徳永先生の心を洗い浄めてくれました。

二　自ら平教員への降格を願い出る

敗戦、そして再出発

昭和二十年（一九四五）八月、長く続いた戦争がやっと終わりました。徳永先生は出征兵士として送り出した教え子のうち二十七名を戦死させていたので、その償いをし、供養をしたいと思いました。

一方で、徳永先生は類まれなる教育者だったので、教職十五年目の昭和二十二年（一九四七）四月、田浦村の井牟田（いむた）小学校の校長を拝命しました。しかし、前述の思いは強くなるばかりで、学校経営に携わるよりも、学級を担任し、子どもたちと直接携わりたい、それが教師としての自分が一番果たさなければならないことではないか……。

でも、自ら降格を願い出て、一教員にしてほしいと要請するのは、なかなかできることではありません。校長職に就任するというのは、教育委員会や教師仲間から評価されたことを意味するし、教師が切磋琢磨（せっさたくま）して努力する目標でもあります。それを捨て去るということは、立身出世の価値観を捨て、別な価値観に立たない限りできません。

私でなければできないようなことは何か……。

教育界で評価されて校長になることか。

それとも学級を担任し、子どもの成長に直接かかわることを最優先するべきか。

校長職はやってみると、教師の質の向上という重要な役割があるものの、学校経営に力を裂かれてしまい、肝心な子どもたちとの直接的な交わりから離れてしまうという問題がありました。これではいけない。もう一度、日々子どもたちと接触していたいと、思いは日増しに強くなっていきました。

それを後押ししたのが、兄が瀬戸内寮で示した百発ピンタの出来事でした。イエスの涙に触れ、人を責めるのではなく、痛みを分かち合うことが重要なんだと自覚し、それを実行することで瀬戸内寮がものの見事に変わっていった事実は、徳永先生の中に強烈に焼き付きました。

そこにこそ教育が持つ厳粛な力があり、自分も子どもたちとの交わりで、それを実現したい、そのためにはクラス担任となって、子どもたちの魂の成長に深く関わりたいと思いました。

教育界における立身出世主義

それともう一つ問題にしなければならないことがありました。それは教育界における立身出世主義です。どの職業においても優れた能力を示す者は抜擢（ばってき）され、指導するポストにつけられます。それはそれとして良いことですが、生徒の精神を教育する立場にある教師の場合、立身出世主義には警戒しなければならない要素があります。

教師の役割は、子どもたちの魂の成長に付き添い、芽が出たばかりの双葉には特に心を配り、すくすく伸びていくよう介添えを立て、土が乾き過ぎないよう潅水（かんすい）を施す必要があります。だからひと時たりとも手を抜くことはできません。

しかし、教師が立身出世主義に捉われ、学年主任や校長を目指してしまうと、子どもたちはないがしろにされ、繊細なケアをしてもらえない嫌いがあります。いかなる場合も、子どもの成長のために時間を割きたいと思っている徳永先生は、立身出世主義には目に見えない阻害要因が隠されていると感じました。

法然も驚いた仏教界に巣くっている立身出世主義

かつて比叡山で天台教学を学んで修行した法然（ほうねん）は、最初、西塔北谷の源光（げんこう）の下で修行し、ついで当代一流の碩学・皇円（こうえん）について学びました。ところが出家して俗世の欲望から解き放たれているはずの僧侶の世界に、権力争いや立身出世主義が横行しているのを知って愕然（がくぜん）としました。法然はわずか三年で皇円の下を去り、西塔黒谷の叡空（えいくう）の下に遁世（とんせい）してしまいました。遁世というのは出家した者がさらに出家することをいい、仏教界での立身出世を拒否して、ただ一筋に求道（ぐどう）の世界に生きることを意味します。

真摯（しんし）な求道を続けた末、法然は「南無阿弥陀仏（なむあみだぶつ）」という六字の名号を、寝ても覚めてもひたすら唱えることで、弥陀の本願である救いが自分の身の上に成就すると確信しました。かくして浄土宗という新しい一派を切り拓き、しかも親鸞（しんらん）という逸材を育て上げ、彼によって浄土真宗を確立しました。法然は天台宗の頂点である天台座主（ざす）にはなれなかったものの、日本仏教の刷新を果たしたのです。

徳永校長は法然の生き方を鑑（かんが）みたとき、改めて、

「どの世界であれ、立身出世主義は自分をそこなうことになりかねない！　だから少なくとも自分は自分の中の名利（みょうり）を求める部分と闘い、あえて子どものために時間を割く教師であろう」

と思いました。森先生の見解を調べてみると、やはり教育界における立身出世主義

は教師自身をそこなってしまうと注意を喚起しておられました。では、実践するしかありません。校長職を辞し、一教師に徹して自分の人生を終わろうと思いました。

子どもの心に火を点す教育

徳永校長は模索した末、平教員への降格を願い出ようと決め、決めた限り、自分の中ではスパッと斬り捨てました。しかしその申し出は教育委員会にとっては前代未聞のことでした。徳永校長が降格を願い出て、直接的な教育の現場に戻りたいと願っているとすると、逆にそれはますます現場の教師たちを指導できる力量があると証明しています。それはおいそれと認めるわけにはいきません。だから受理されるまでに約一年の歳月がかかりました。

これは徳永教諭を校長職へと強く推薦した山田実県視学の了承を得るのに時間がかかったからでもあります。県の教育行政のトップであり、教育者のあこがれの的である山田視学はかねがね、

「教育を衣食住のためにする人を教員といい、知識技能を授けることを任務とする人を教師といい、子どもの心に火を点す人、これを教育者という」

という教師観を持っていたので、徳永校長がやっている教育を高く評価していまし

た。だから徳永校長のような人を教師の師の立場に付けて、教師の質的向上を図りたいという意図を持っていたから、一教員に戻ってほしくありません。

「校長は教師の教育者です。教育の現場の質的向上を図るためには、徳永校長のような方こそ、校長として指導力を発揮してほしいのです」

と、再三説得しましたが、徳永校長の意志は固いものがあり、「どうぞ子どもたちの教育に直接関わらせてください」という熱意は変わりません。現場にはそういう先生も必要です。とうとう山田視学が折れ、降格が受理されて、破格の出来事が起きました。

三　生徒たちの期待を集めた学級編成

熊本県を代表する先進地区・八代市

昭和二十七年（一九五二）四月、新任地は八代市の太田郷（おおたごう）小学校に決まりました。

八代は熊本県を代表する工業都市です。明治時代になって、天草と熊本の間に広がる不知火（しらぬい）海に面した八代港が近代的な港湾として整備されました。明治二十三年（一八九〇）に九州第一号のセメント工場ができたのを皮切りに、十条製紙（現日本製紙）や三楽酒造（現メルシャン）が相次いで進出し、八代臨海工業地帯を形成しました。

太田郷小学校の校区はそのうち三大工場がある先進的な地区です。一方では、市内を日本三大急流の一つ球磨（くま）川が流れており、あちこちに風光明媚な景勝があります。

徳永先生は降格（?）を真っ先に森先生に連絡しました。それを聞いて森先生は大喜びし、森先生が発行されていた一人雑誌『実践人』の前身である『開顕（かいけん）』に、徳永先生の降格が認められたことを書いて同志同行の教師たちに伝えました。後に森先生が徳永先生のことを「超凡破格の教育者」と呼んだのは、前代未聞のことをやってのけた弟子を称えてのことでした。これで徳永先生は吹っ切れました。

熊本には加藤清正が築城した熊本城があります。銀杏（ぎんなん）城とも呼ばれ、日本を代表するような勇壮な城郭です。その一角に高さが百八十メートルもある壮大な「百間石垣」があります。熊本では男一匹思い切ってやってのけることを、「熊本城百間石垣後ろ飛び」といいます。徳永先生はそれをやってのけたのです。

子どもたちの期待を集めたニコニコ先生

徳永先生にとって太田郷小学校は、一平教員に戻って本物の人間教育をしようとした最初の学校だったので、思いがこもりました。一方、子どもたちは新学期に向けてどういう組替えになるか、期待わくわくでした。その子どもたちが、よその学校から新しく着任した徳永先生をどう見ていたかを示す恰好な作文があります。卒業記念文集の『ごぼく』1号に掲載された秦穴征子（やすあなせいこ）（旧姓盛谷（もりたに））さんの文章です。

「五年生になって、組替えになりました。どの先生になるか、どの組になるか、みんなさわいでいました。私と登紀代ちゃんと二人はまだ徳永先生の名前を知らず、いつ見てもニコニコして生徒たちと遊んでおられるので、とりあえず〝ニコニコ先生〟と呼んでいました。私たちはあの〝ニコニコ先生〟が担任になればいいなあと思っていました。

最初の日は組替えだけがあって、うれしいことに、私と登紀代ちゃんは同じ組になりました。あくる日の朝、庭に山のように土をもりあげ、それにどうかあのニコニコ先生になりますようにとおがんで、ごはんもろくに食べないで学校に行きました。

いよいよ講堂に集まって発表をききました。だんだん進んで、白木先生が、『次は五年五組！』と言われたとき、私たちはシーンとしずまり返りました。いよいよ五組の担任の先生の発表です。

『五組の担任は徳永先生！』

（わあ、徳永先生になったわ！　ばんざ〜い！）

私と登紀代ちゃんはあまりにもうれしかったので、登紀代ちゃんの家で歌を作ってあそびました。やがて十条製紙の四時の終業のサイレンが鳴ったので、私は門のところで母を待ちました。仕事が終わって工場を出てきた母に、さっそく、担任はニコニコ先生になった！　と話すと、母は、それはよかったね、そんなに好きな先生になったら、いっそう勉強も手伝いもがんばらないとねと言いました。私ははり切って、うん、今日から何でもする！　と答えました。早いものであれから二年もたち、とうとう卒業を迎えてしまいました」

徳永先生は五年五組となった子どもたちに心から迎えられたようです。

日記によって始まった先生と子どもたちの〝いのちの呼応〟

一方、徳永先生は公簿に記載されている四年生までの評価を丹念に調べました。中にはかなり一方的で浅薄な児童観察が書かれていたりするので唖然としたり、むらむらと反発を感じたりしました。

（これじゃあ子どもの芽が枯れてしまう。大魚を教師の小さい洗面器で泳がせてはな

らないよな。よーし、一年経ったら、公簿に全然逆なことを記入しよう）
児童生徒に遠くから大きな声で「おはようー」と呼びかける徳永先生の声はバンカラそのもので、子どもたちは誰もがおはようございます！　と返してきます。教室の黒板の上には、

自分を育てる者は自分である

と書いた額を掲げました。徳永先生がもっともみんなに強調したかった信条です。人のせいにするな。結局は自分なんだ。自分こそが自分の人生の主人公だ。そう決めてしまうと、もううじうじしません。覚悟ができてすかっとし、気持ちが前向きになります。これを五年五組の心意気にしようというのです。

さらに徳永先生は一人ひとりを支えるために、日記によって各人と、いのちの呼応を始めました。亡くなった田中君の枕元に残されていた日記がその思いを後押ししてくれたのです。毎朝、先生の教卓の上に子どもたちが日記を提出し、それに休み時間に先生が赤ペンでコメントを書き添えて、子どもたちとの心の交流が始まりました。

先生は学業の優中劣の評価は、人間としての優中劣の評価とは必ずしも一致しない

と考えていたので、折に触れて授業でも話し、子どもたちの日記にも書き添えました。そうやって子どもたち一人ひとりの持ち味を引き出そうと苦心しました。

便所磨きは徳永学級の得意技

太田郷小学校は二千人に近い生徒数の大規模校です。徳永先生の学級は特に便所掃除に力を入れる学級でした。しかも〝便所掃除〟とは言わず〝便所磨き〟と呼び、先生もいっしょになって便器を磨きました。

校庭の隅に八角形の便所がありました。造られた当時は、校舎は木造なのに八角便所はコンクリート造りのモダンな便所で、最先端を行っていました。しかし寄る歳つきのため、コンクリートは腐食して変色し、汚れがしみ込んで、用を足すのもはばかられるほど汚くなっていました。徳永先生の発案で、ここをみんなで掃除しようということになりました。

でも、あまりにも汚いので、最初の間は気持ちが悪く、腰が引けてしまいました。しかし、徳永先生は粘り強い熱意でみんなをひっぱり、瓦の欠片(かけら)で床のしつこい汚れをそぎ落とし、詰まって水はけが悪くなっていた排水孔の通りをよくしました。こうしてあれほど汚かった便所が一日一日ときれいになっていきました。

するとみんなは便所磨きの楽しさがわかるようになり、毎朝の便所磨きはみんなが先を争ってやるようになり、明るい活気で満ちるようになりました。こうして学校一汚い便所が学校一きれいな便所に変身したのです。

ある朝、ラジオ体操が終わって便所掃除に行くと、とてつもなく大きな大便が、便器にかかって、どっしりと乗っかっていました。みんなは、よくもこんなに大きい大便をする子がいるなあとびっくりしました。

「こりゃほんまに人間がしたんかな！　おそろしくでかいなあ」

と、先生もみんなも大笑いし、吐き気をこらえて棒切れで大便を落とし、水で流してやっときれいになりました。こうして五組は便所磨きを誇りとするようになりました。

どでかい大便を、吐き気をこらえて洗い流した少年の日記には、先生のこんなコメントが書かれていました。

「すまん、すまん。ほんとうにすまんだったね」

私は読みながら笑ってしまいました。率直に詫びる先生！　ほのぼのとしたクラスの雰囲気が伝わってきます。何て自由で闊達な教室なんだろう。みんなが誇りにしているのがわかります。

ぼくたちが太田郷小の伝統をつくるんだ

ある子は便所磨きについて、日記にこう書いています。

「朝の自習時間に、五組は勢ぞろいして、瓦のかけらで西便所の小便器のふみ台磨きをやりました。そこに小便をしに来た男の人が、してよかですか？　とことわり、もうしわけなさそうにされました。私たちが一生けんめいにみがいていると、はやし立て、冷やかす人もいますが、ありがたく思ってくれる人がいるかと思うととてもうれしかった。

先生は私たちをこう言ってはげましてくださいました。

『ああ、これですっかりきれいになったなあというまでは、あと二か月はかかる。こんなことはいっぺんにできるものではない。時間を見てはたんねんにみがきあげなければならないんだ。君たちが全校のみんなに、便所をきれいにしようと思い込ませることに成功すると、日本一きれいな小学校になる。

しかし、そう思い込ませるには一年はかかる。それまでには君たちは卒業している。でも、次の五年生が後を継いでみがいてくれたら、それが伝統になって、日本一の小学校になるだろう。君たちは伝統を作っているんだ』」

このように徳永先生の教育は体験学習であり、実地教育でした。

徳永先生の業務日誌の十一月四日の項にこう書かれています。

「このごろの便所磨きは、磨く人の心のごとく、ますます磨かれてきた。ありがたいことだ」

それが徳永先生の狙いだったのです。そして、「みんなが嫌がることを率先してやろう」という生き方が学級の中に定着していきました。

四　子どもたちこそわが師

犬を飼っていた徳永学級

徳永先生が担任をしている五年五組は毎日朝、日記を教卓に提出します。その中に愛犬ゴロとの馴れそめを書いた藤本知之(ともゆき)君の日記がありました。

「学校でのラジオ体操のとき、よその犬が来ていたので、ぼくたちの組の犬にすることにしました。昼のご飯のとき、パンやミルクなどをやったので、はらがパンパンにふくれました。みんなで運動場を走らせたので、ぼくたちも汗だらだらでした。帰るときは、ぼくがつれて帰ることになったので、帰ってからも犬と遊び、ゴロ、ゴロと呼んで追っかけっこしました。

夕方はコタツのところにつれていって遊んでいたら、母さんが『ゴロにいい首輪を買ってあげるわね』と言われ、とてもうれしかった！」

新しい仲間ができた楽しみが日記いっぱいに書かれていました。ゴロは日本犬の雑種で、まだ生後三、四か月の子犬です。校庭に迷い込んできたので、みんなで育てようということになったのです。そこに書かれている先生のコメントがまたおもしろい。

「家で迷惑されはしなかったか。誰かが首輪に『五十人の一人です。よろしく』と書いていたので、吹き出してしまったよ。実は先生も犬好きなんだ」

女の子も子犬のゴロのことを書きました。

「五の五には犬が一匹います。名前はゴロでとてもかわいらしいのです。ろうかをふいていると後ろから走ってきます。女子も男子も宝物のようにかわいがっています。明日も犬がいると思うととても楽しみです」

徳永先生は、「動物をかわいがる子どもの気持ちを妨げてはならないし、子犬を通じて子どもたちのものの見方も向上するのでは」と思い、飼うことを許しました。休み時間になるとみんなで汗だくだくになって運動場を走らせ、食事は給食のミルクやパンを与えました。それに自宅からみんながご馳走を持ってくるので、余り過ぎるくらいです。徳永先生は破顔して喜びました。

「ゴロが来てから、五十人の気持ちが一つに固く結ばれた。みんな明るく、喧嘩はなくなったし、何よりも気持ちが和やかになって、素直さが増したよ」

弟が生まれると、兄は「弟を守らなければならない」と途端にしっかりするものです。それと同じで、面倒をみなければいけない弟分ができると、子どもは途端にしっかりしますが、それと同じ効果が表れました。そしていつしか〝クラスの歌〟が生まれ、

♪五年五組は
いつでも、どこでも
みんなの心が輪をつくる……

と歌いました。学校が終わると藤本君は家に連れて帰り翌朝いっしょに登校します。

このユニークな「愛犬学級」のことを聞きつけて、朝日新聞と小学生朝日新聞が取材

に来て、二度も新聞で報道されました。

重要なところは教科書に赤丸をつけた

徳永先生の授業は復習に重点を置いた勉強法だといえます。先生は「今日の勉強で大切なところは、ここと、ここです」と大切な部分を示し、生徒はみな教科書の示されたページの頭に赤い丸印をつけました。家に帰ると真っ先に、赤丸の部分を復習します。だから〝宿題〟は〝赤丸〟と言い替えられるようになりました。それについて次のように語りました。

「先生は宿題という言い方は嫌いです。なぜかというと、宿題には無理にしてこなければならないような響きがあって、それだと生徒たちは怒られないために勉強するようになってしまいます。そうではなく、宿題が本来意図しているものは、これは重要だから赤丸をつけ、家でも復習してきなさいということなんです。言葉というものは大事なもので、否定的な響きがあると、いやいやながらやるということになってしまいます」

そしてある家庭訪問でのことを話しました。

「あるお母さんがこんなことを言われました。

『先生、宿題ばうんと出してください。そうせんと、うちん子はいっちょん勉強ばしまっせんけん』

こんなことを聞くと先生はがっかりします。馬を川まで連れていくことはたやすいけれども、飲みたくない水を飲ませることはとてもむずかしい。それと同じで、みんなに勉強をしようという心を持ってもらうことが大事です」

国語の時間には、誰もが漢字辞書に親しめるようにと「漢字調べ競争」が行われました。この競争は、成績の良い生徒よりも、機転の利く生徒の方が早く調べがつくことが多く、一番がんばった生徒の辞書はページが傷み、端が擦りきれるほどでした。国語の時間に漢字調べがあったお陰で、現在に至っても、教え子たちは自然と辞書を引く習慣になりました。

このころ、生徒が辞書の文字の間違いを発見し、先生が出版社に手紙を書いて指摘したことから、出版社からていねいな礼状が来たこともありました。

「妙見さんテスト」「若芽テスト」「最後の運動会テスト」などなど

太田郷小学校は各学年七クラスでした。当然、他のクラスと学力が比較されます。「徳永先生は学力が低い生徒を応援するのはいいけど、あの学級の学力はさっぱりだね。何のかんのと言っても、伸びる子を伸ばして難関中学に合格させなければ、親は納得しないよ」

などと陰口を叩かれかねません。学力は練度と関係していて、練度が練られていれば、実力は発揮できます。それを考えて、徳永先生はいろいろな名目をつけてテストをしました。

八代最大のお祭りである八代妙見祭にちなんで「妙見さんテスト」というのがありました。

この日学校は午前中二時間程度で下校となり、みんなこぞってお祭りに参加します。ところが徳永学級は居残りしてテストを行い、それからお祭りに行きます。

徳永先生の武張った声が教室に響きます。

「今日、十一月十八日は妙見社の大祭だ。九州の三大祭りの一つだから、大いににぎわってみんながお祭り気分になって浮かれるのも無理はない。でも、私たちはお祭りに参加する前にテストをしよう。名づけて〝妙見さんテスト〟だ。

みんなに、幕末の長州に久坂玄瑞という英雄がいたことを話ししよう。徳川幕府が萩藩を総攻撃したとき、久坂が率いる一隊は明日の戦を前にして静かに隊長の講話に聞き入ったという。静かなること林のごとしで、勝ち負けを度外視した心境に入ったんだ。だから久坂隊は強くて負けることがなかったという。わが徳永隊もそれにあやかるぞ」

そしてテスト用紙が配られ、それにみんなは集中し、答案用紙にさらさら書いていきます。妙見さんテストのことを生徒は『教え子みな吾が師なり』に次のように書いています。

「今日は妙見さんのお祭りです。いつもより三十分くらい早く学校に行きました。みんなとてもうれしそうな顔をしていました。自習時間には暗算の練習をしました。勉強は二時間で、私たちの組は『妙見さんテスト』がありました。それは二けたの割算で三十六問でしたが、答え調べでは私は三十五問正解でした。あと一問で万点だったのでとても残念でしたが、楽しかった」

子どもが全然緊張せず、集中して取り組んでいるのが伝わってきます。

学期半ばには「若芽テスト」、先生の誕生日を祝って「先生誕生日テスト」、小学校最後の運動会にはそれを記念して「最後の運動会テスト」「卒業記念テスト」「授業終了テスト」、卒業記念の植樹をした記念に「卒業記念の植樹テスト」などです。こうして学力を養うのも怠りませんでした。

「授業終了テスト」というのは、この日で授業は終了という日に行われたテストです。

先生の声が凛(りん)として教室に響きました。

「さあ、みんな。静かに教科書を伏せ、ノートをたたみ、そして鉛筆は筆箱に収めよう。黒板を使っての学びは今日限りで終わりだ。

大劇場の華麗な舞台に静かに幕が下りるのとは比べものにならないが、それでも針一本落ちる音まで聴こえるような静けさの中で、テストをやろう」

静寂の中で集中する――それがこの日もテストという形で行われました。テストは形を変えた精神修養の方法だったのです。

自衛隊の輸送ヘリの操縦士になった教え子

徳永先生の教え子に、母親の手一つで育った植山洋一君がいました。ひねくれて育ってもおかしくない環境だったのに、たとえ父親がなかったとしても、この子を一人前の立派な人間にしなければならないという母の祈りに支えられて、曲がることなく育ちました。人をお世話することに少しも労を惜しまない植山君は言います。

「私には学歴も何もありませんが、ただ一つ、宝の母があります。私を育てるために、母はどんなに苦労したかわかりません。母に連れられて、足手まといになりながら、母と一緒に雑貨を売り歩いたこともありました。母は昼間、雑貨を売り歩き、夜は針仕事をしていました。

　でもだんだん目が悪くなってきたので、私が母の手を引いて雑貨を売り歩きました。母は乏しい収入の中から工面して、半月ほど私を幼稚園にやってくださったことが、今でも忘れられません。

　小学校に上がると、目の悪い母のために、十本ぐらいの針に糸を通して学校に行きました。やがて一年もすると、母は一人歩きにも不自由を感じるようになってしまいました。私は学校から帰ると、母の手を引いて、いっしょに雑貨を売り歩きました。寒い冬の夜道、母に抱かれるようにしていっしょに歩いたものです」

　そんな植山君に、徳永先生が母について書いた詩は身に沁みました。

　茗荷（みょうが）の芽が出るころ
　私は決まって母のことを思います
　祈ることだけ知って
　その他のことは知らなかった母でした
　だから母の最後の写真一葉は
　肌身離さず持っています

　植山君自身がそうだったからです。植山君は母に学資の迷惑をかけないで自分で自分の道を切り拓こうと、中学を卒業すると陸上自衛隊生徒隊（現高等工科学校）に入り、後に輸送ヘリの操縦士となり、沖縄返還に伴う現金空輸、離島の患者空輸、普賢岳災害、阪神淡路大震災などの復興などに従事しました。そして二十六歳のころ、忙しい隊務のかたわら、クラス会の小学校卒業十五周年記念文集「ごぼく」の編集を引き受けました。大阪在住の吉田健二君や年下の教え子を含め、教え子五人でこの編集と発送を見事にやり遂げました。

謄写版印刷のプロ！　鉄筆先生

このころ、学校に備えられていた謄写版は堀井式謄写版が最上級品で、これはもっとも印刷量が多い徳永先生の教室の半屋根裏にある作業室に備えられていて、独占状態でした。

原紙をガリ版で切るとき、何字詰め何行何段でやるか、直接切るのは至難の業です。大方の先生方は原稿を作成し、その上で原紙を切ります。ところが徳永先生は何年もやっているから全部頭の中に入っており、原稿なしに直接切りました。

印刷するときは、ローラーの圧力の加減やインクの取り方に細心の注意が必要です。また印刷する用紙をめくるとき、左右の手の位置によって、印刷速度は随分と違ってきます。先生が印刷されるときは周りに子どもたちが集まり、

「一枚、二枚……」

とはやして数え、面白がっていました。先生も印刷が楽しそうでした。五組の生徒たちはそうした要領を教わったので、印刷にも長けていきました。

ガリ版刷りは終わった後始末も大変です。徳永先生は、最後の後始末がもっと大切なんだよと、ゴミ箱がインクで汚れないように配慮しました。小学校には四台の謄写版印刷機がありましたが、徳永教室のそばの印刷機まわりがもっともきれいだと評判でした。

五　真民さんが思う〝いのちの根源〟

教え子たちを堅固に結びつけたニュースレター

徳永先生の心願は一人雑誌として結晶化しました。昭和三十九年（一九六四）、勤務地の龍峯(りゅうほう)小学校の名をとってＢ６判八ページの『龍峯』を創刊しました。ご縁をいただいた人々に自分や知人の近況を知らせて交流を深めるという目的で一人雑誌を出すことは森先生自身の発案で、極めて〝自分磨き〟にもなります。

その後、勤務地が氷川中学校に変わると、その名をとって『氷川』と改題しました。森先生はその一人雑誌を読んで、単なるニュースレターではない内容の奥深さに感嘆し、

「これは『天意』と題すべきです」

と提案されました。そこで昭和四十年（一九六五）六月号から『天意』と改題され、ご縁のある方々に送付されました。

一人雑誌は教えを垂れる類の雑誌ではなく、仲間たちの近況報告をするニュースレターでもあります。『天意』のある号に、さるご婦人が投稿しておられました。

「実は私はできの悪い生徒でした。だから他の生徒さんたちが徳永先生を素直に尊敬してついていくのにどうしても馴染めず、同窓会へのお誘いも無視して参加しませんでした。

それでも諦めず、集いがあるたびにお誘いしていただきました。突っ張っていた私が少しずつ変化したのは、結婚して子どもを授かり、自分の中の突っ張りが溶け始めたころからです。その間、徳永先生から毎回『天意』を送っていただき、同窓会の幹事の方々にも諦めずにお誘いいただきました。そのお陰でやっと素直になり、同窓会

にも参加できるようになりました」

一人雑誌が役に立っているとは嬉しい便りです。

生きとし生けるものの〝いのちの根源〟

昭和四十八年（一九七三）十二月三十一日、六十二歳のとき、徳永先生は『自選坂村真民詩集』と詩集『朴（ほう）』から五十篇の詩を選んで、『根源』という書名を付けました。坂村真民さんは明治四十三年（一九〇九）生まれなので、徳永先生の二つ上です。そこに付けられた序文を読むと、徳永先生は十分な思索の末にこの書名に決めたようで納得します。

「私は世にも不思議な詩人である坂村真民さんの詩はどこから生まれてきたものかを探り当てようと、いつも机の上にある二冊を眺めていました。

すべての人は亡き父上を思い、亡き母上に心を通わせ、涙ながらに父母を伏し拝んでおられます。神も仏も詩霊も、人々が父母を伏し拝む美しい姿をこよなく愛（め）でておられ、その思いを〝真民〟なる人物を通して語られているのではないかと思い至りました。

とすれば、真民さんのすべての詩の根源は、〝父思い〟〝母思い〟に発するものだと断定してもいいようです。そう思った私は二冊の詩集から〝根源〟に関わるような詩を拾い上げ、早暁、私の書斎に寒室寒坐（かんしつかんざ）し、ヤスリ版の上の手が冷たくなって動かなくなるまで、体当たりするような思いで原紙を切りました。

私も真民さんにならって〝いのちの根源〟としての父母を、ここまで恋焦がれたいものです。私が教え子たちに伝えなければならないのはこのことです。そして私の子どもたちがせめてその母をこのように慕ってほしいとそっと願っています」

徳永先生が選び出した真民さんの詩を読むと、徳永先生自身が〝根源〟を限りなく希求して〝いのちの根源〟に至り、それとの深い一致に至ろうとされていることを感じます。学校では子どもたちを感化しつつ、ご自身の内面の世界では、そうした求道を展開していきました。

先生が選ばれた真民さんの詩集に、「月と母」というとても象徴的な詩がありました。

母が息をひきとられた日の
夜の月も清かつた
私は少年のように

月に向つて母を呼んだ

豊後灘（ぶんごなだ）は

その夜　波も静かに
私の心をしずめてくれた
初七日もすみ
また四国に渡る日
ひとり母の墓に詣(もう)でた

雉(きじ)がしきりに鳴き
私は幼な子のように
母を慕うた
ふりかえり去る空に
昼の月が白くかかっていた

誰の心にもある母への思慕を真民さんはこう表現しています。熊本県玉名市にある父母の墓に詣で、四国に帰る真民さんの上に、昼の月が白くかかっていたのは、私たちの心象風景でもあります。

父を思い、母を慕う詩

その母を回想していると、幼き日、母は体の弱い真民さんをいたわり、親身になって看病してくれたことを思い起こしました。そんな思い出が次から次にこみ上げてきます。「カタクリと野いばら」と題した詩には、母に甘える真民さんと、それを無条件で受け止め、抱きしめてくれた母との交流が詩情豊かに描かれています。

おかあさんカタクリつくつてねと
小さい時から体の弱かつたわたしは
病むたびになんど母に
せがんだことだろう
あのすきとおつたまつしろいカタクリ
白い砂糖をうんといれて
白い匙（さじ）をそえて
枕元に持つてきてくださるカタクリ
おなかのいたいのも
あたまのいたいのも
いつぺんになおってしまう

あつたかいカタクリ
カタクリのなかにいつもいる
母のおもかげ
あゝ
もうすぐ三年忌がくる
思い出の野いばらの花が
野にも山にもお墓のまわりにも
一ぱい咲き匂うていることだろう
白いカタクリとともにうかんでくる
白い野いばらの花

幼いころ、真民さんの母親は病んだ息子の枕元に、白いお砂糖がうんと入った、透き通ったカタクリを持ってきてくださいました。だから真民さんにとって、母の愛情と透き通ったまっ白なカタクリは同じもので、いのちの根源はそこで渾然（こんぜん）と一つになっていたのです。

「カタクリと野いばら」を通して、母親に甘えたい真民さんの心象風景が徳永先生の心に伝わってきます。

人知れず深い父の祈り

昭和四十六年（一九七一）、愛媛県松山市で開かれた実践人夏季研修会で、徳永先生は同じ熊本県出身で明治生まれの坂村真民さんに初めて出会い、意気投合しました。以前から徳永先生は真民さんの詩をガリ版冊子にして子どもたちに配っていて、大ファンだったのです。

真民さんには母を詠んだ詩は多いですが、父の愛を詠んだものはあまりありません。それだけに、病気の真民さんが家で静養していて、学校から帰ってくる娘たちを詠んだ「待つこえ」という詩は父親の愛を感じさせます。私たちの父も同じような眼差しを注いでいるに違いないと気づかされます。

いちにち寝ていて　　子どもたちが
待たれるのは ―― 帰ってくることである

お父ちゃん
ただいまと
小鳥のように
こえはりあげて
元気よく
帰ってくることである

そして学校であった
いろいろのことを
口早に
枕べで
話してきかしてくれることである

真民さんの詩は自分たちに注がれている父親の思いも伝えてくれています。徳永先生が授業で真民さんの詩を披露するので、教え子たちはすっかり真民さんのファンになりました。しかも手紙を出すと必ず返事が返ってくるので、教室で見せ合いました。後年、真民さんは『教え子みな吾が師なり』を読み、徳永先生が子どもたちと堅固な絆を結んでおられることを知って、徳永先生を「康起菩薩」と呼ぶようになりました。

孝は〝宇宙の秩序〟に参入する道

真民さんの詩は徳永先生の父母への追慕を、より確かなものにしました。それは森先生が、広島高等師範で講筵（こうえん）に侍った恩師西晋一郎先生が虚空を見詰めて静かに講義されていたことを連想させました。

「――父母はいのちの根源です。その恩愛が厚いか薄いかなどという相対的な評価を超えて、父母即恩です。育てていただいたから、親孝行するというような次元のものではなく、吾人は孝によって〝宇宙の秩序〟そのものに参入するのです」

若き日の森先生にはその言葉がずしんと響き、そのことが書かれた黒板を見詰めたまま釘付けになり、授業後も席を立つことができなかったそうです。

徳永先生の求道が森先生の真理の探究によって裏打ちされ、さらに西晋一郎先生の解釈によって深められて確信に変わっていきました。だから徳永先生が子どもたちに語る授業では言葉にいっそうの重みが出ました。

子どもたちは先生の言葉が口先だけのものか、それとも先生の魂の内奥からほとばしり出ているものか、ちゃんと知っています。先生の授業はみなシーンとして聴き入っていました。授業は魂と魂が切り結ぶ時間だったのです。

坂村真民さんとごぼくの子らとの付き合いは長くて深い。昭和四十六年（一九七一）、真民さんの郷里、熊本県玉名市の公園墓地である蓮華院御廟に、「二度とない人生だから」の詩碑が建立されたとき、その除幕式に熊本からごぼくの子の代表として植山洋一さんが出席しました。小学生のときから真民さんの詩に親しんでいましたが、会うのは十六年目で初めてでした。真民さんは『教え子みな吾が師なり』を通して、こぼくの子や植山さんのことを知っていたので、彼に色紙を書きました。

石中に火あり
打たずんば出でず

詩人の感性が、石はその中に〝火〟を蔵していると見抜き、叩くことによってその〝火〟が飛び出すのだと詠いました。徳永先生は「康起菩薩」と称えたくなるほどにすばらしいけれども、恩師の恩愛に応え、見事な人生を築き上げた植山さんも敬服に値するというのです。

意外な展開となった交流のひと時となりました。

第四章　日記が育てた生徒との絆

一　生徒たちの心の支えになった恩師

卒業記念樹に託した卒業生たちの思い

徳永先生の事績で特筆することがあります。先生が担任したクラスが進級したり、卒業すると、そのまま「サヨナラ」するのではなく、生徒たちは相互に励まし、助け合い、恩師との交流を続けました。前に紹介した免田小学校の卒業生は「免田十年会」を作りました。というのは、徳永先生が、

「人生には十年ごとに節がある。君たちの人生にとって、〝この十年〟が大切なんだ。卒業後の最初の十年間を努力することで、学歴なんぞ超えることができる」

と強調されていたからです。

そして十年目、教え子のほとんどが社会人となったころ、一人ひとり彼らの文集を集めて先生のガリ版で刷った手作りの文集が届きました。その文集が手元に届いて、みんなをどれほど励ましたかわかりません。

八代市立太田郷小学校で五年生、六年生と二年間担任してもらった生徒たちも「ご

ぼく会」を作りました。これは五年五組、六年五組、そして一九五五年卒業と「五」という数字に縁があり、卒業記念には営林署に勤めている織方紘和（ひろかず）君の父親がアメリカ育ちの五本のカイヅカイブキを寄贈されました。カイヅカイブキは、夢や希望が大空に渦巻いて昇っていくような樹形で、卒業の記念樹とするにはぴったりです。みんなでその木を植え、それから採って会の名称を「ごぼく会」としました。

お別れの日、徳永先生は黒板に五本のカイヅカイブキのことを大書しました。卒業記念樹に託した徳永先生の祈りの詩です。

大木になれ
見上げるばかりの大木になれ
そして春ともなれば
緑の葉で人の目を喜ばせ
夏には人のために木かげを作り
秋には……
冬には……

五本の木に祈る心は深い
さらにその木につながる
五十一人の人が
その木のごとく
雨にも風にも
また霜にも雪にも

常に成長がある
五本の木のごとく
人の子よ、育てよと思う心しきり
負けぬ強さを育てて
人の世の大木となれかし
大木を愛する国民には

※生徒五十人と一匹の学級犬ゴロを合わせて五十一人

卒業生たちはそれを自分のノートに書き写し、そこに徳永先生が自分たちの上に注いでいる祈りがあることを知りました。「自分は一人ではない。期待されている存在なのだ」と知るとき、人は強くなるものです。さらに徳永先生から自らガリ版の原紙を切って印刷した記念文集『ごぼく』1号が一人ひとりに手渡されました。生徒たちが感激しないはずはありません。

生徒たちはいただいた『ごぼく』に千枚通しで穴を開け、ヒモでくくり、ボール紙で表紙を付け、それに布や千代紙を貼って各人のセンスで仕上げました。こうしてこの世に一冊しかない特別な本が誕生しました。

『ごぼく』1号を制作する過程で、生徒たちは先生を通して、人のために苦労することを学んだのです。徳永先生がいつしか「鉄筆の聖者」と呼ばれるようになったのは、

ありし日の太田郷小学校と５本のカイヅカイブキ

陰ながらそういう努力をされていたからです。

徳永先生を囲む卒業生たちの集まりは地域ごとに、太田郷ごぼく会、免田十年会、伊牟田大木会と増えていきました。

祝電「ニュウガクオメデトウ」

卒業生の一人、長瀬孝子（旧姓西村）さんが中学校に入学したとき、先生から一通の祝電が届きました。そのときの驚きと喜びを長瀬さんはこう書いています。

「太田郷小学校を卒業し、それぞれ一中、二中、五中、白百合中学と分かれ、私はただ一人、五中に入学しましたが、見知らぬ先生と生徒ばかりで、心細さでいっぱいでした。そんなとき、先生から『ニユウガクオメデトウ』と祝電が来ました。高校か大学の入学ならともかく、たかが中学入学に際して、それもできの悪い教え子に対してです。先生が、私たちが卒業したあとも心にかけてくださっていると知ったとき、うれしさのあまり、胸に熱いものがこみ上げてきました」

徳永先生は、長瀬さんが実母と生別し、継母のもとで生活するようになって、あるいは愛情に飢えているかもしれないと心配し、乾いた心に一滴の水を注ぐことができればと祝電を打ったのでした。その人がいま必要としている何かをしてあげたい――そういう徳永先生の気配りが長瀬さんの場合にも的確に生きました。

正義を教える父性愛と育む母性愛

子どもたちをしっかり育んだ徳永先生でしたが、春風がそよそよ吹くだけのやさしい先生ではありませんでした。時には子どもたちの目から火花が散るほどに、特大のカミナリを落とす先生でもありました。

あるとき、学校から映画鑑賞に行きました。映画を見終わって学校に帰る途中、飯塚書店があり、マンガの本も並んでいました。男の子たちは群がって読みましたが、次の授業に遅れるというので、大半は途中でやめて走って学校に帰りました。

ところがある生徒はマンガに夢中になってしまい、遅れてきました。すると先生は赤鬼のような真っ赤な顔になり、爆弾が爆発したようなすごい声で怒りました。みんなどこからあんな声が出るのかと震えあがりました。一年に二度ぐらい、そんなカミナリが落ちました。どでかいカミナリも子どもたちの星の輝きを引き出す方法でした。

どんなにがんばっていても、人生はときに一筋縄ではいかないことが起きるものです。みんなに好かれて、うまくいっていたように見えても、どこかで掛け違いが生じてしまうと、ガタガタと崩れて、にっちもさっちもいかなくなったりします。

田所君（仮名）の場合もそうでした。無事に学校を卒業し、ちゃんとした会社に就職でき、万端うまくいっているように見えたのですが、ある疑問にぶつかったことから、あらゆるものから逃避したくなり、仕事を投げだして突然家を出奔してしまいました。

八方手を尽くして捜しましたが、ようとしてわかりません。諦めかけていたとき、大分から親に手紙が来ました。

「先生！　あの子の居所が見つかりました。何と、別府に行っていました」

それで両親や徳永先生がいっしょになって、別府駅まで出迎えに行きました。

「お前なあ、随分捜したんぞ！　居所ぐらい、親や先生に知らせろや。

でもまあ、何事もなくて元気でよかったなあ」

そう言って、泣きじゃくる田所君を抱きしめたとき、徳永先生はこみあげてくるものを抑えることができませんでした。

教え子が路頭に迷い、助けを求めているとき、教師のことを思い出してくれる。

ああ、教師は聖職でなくて何ぞや――。

徳永先生は改めて子どもたちの〝助け手〟でありたいと思いました。

先生は父親代わりをしてくださった！

ごぼく会の子どもたちが太田郷小学校を卒業したあと、徳永先生は再び五年生を担当し、六年生まで持ち上がりました。そのとき担任した田上憲洋君は五歳のとき父親を亡くし、母親の手一本で育てられた少年でした。田上君の中に父親のない淋しさを感じた徳永先生は、折に触れて田上君と交流し、田上君は徳永先生との出会いで孤独を穴埋めすることができました。

先生との交流は中学校に進んでも続きました。展覧会に出展した「建設」と題した田上君の絵が入選したことが新聞に載りました。それを見た徳永先生は早速ハガキを送って喜びました。

「君の名を新聞で見つけてほんとうに嬉しかった。作品をゆっくり見てみたい。その作品の題のごとく、君を〝建設〟しておくれ。お母さんをまん中にして、素晴らしい建設をしてほしいと併せてお願いする」

　高校入学のときもお祝いのハガキが届き、励ましの言葉が書かれていました。

「その一日一日が、一瞬が、亡き父君を喜ばせ、忍苦の母君を安んずるために生きるように、心してその道に生きられよ」

　田上君は高校卒業後、就職して大阪に住みました。そしていつの日か母を迎えよう、それが自分にできるただ一つの恩返しだと思ってがんばりました。しかし、現実はたやすいものではなく、何度も挫折しそうになり、そのたびに徳永先生に励まされ、歯を食いしばって乗り越えました。

　しかし、そのころ勤めていた会社の給料ではとうてい母を呼び寄せることができないと思った田上君は、意を決して会社を変わり、多年の夢を果たそうとがんばりました。その結果、とうとう母子いっしょの生活を始めることができました。その過程で徳永先生のなみなみならぬ励ましがありました。

　徳永先生の訃報に接し、田上さんは追悼文集に一文をこう寄せました。

「先生の教えに従って一心になって考え、祈って生きることによって、その願いは夢ではなくして実現できるものであると確信を持つことができました。先生が父親代わりになって後押ししてくださらなかったら、私は現実に負けていました」

教師は教え子との付き合いは学級担任で終わるのではなく、学級担任が契機となって人生に及ぶ付き合いが始まるというのが徳永先生の姿勢でしたが、田上さんの場合も父親代わりの役割を果たされたのでした。

二　日記はいのちを運ぶコウノトリだ

十センチもある朝顔の大輪の花が咲いた！

五年五組のある女の子が、直径十センチもある大輪の朝顔が咲いたことを日記に書きました。

「朝はいつも冷え切っていて、今朝は六時十九・五度くらいだったので、足や手にとりはだが立ち、少しふるえていました。七月二十五日に植えた朝顔が四十二日間で咲き、高さは一メートルくらいになりました。直径十センチくらいの花が三つ咲き、種子ができるのを楽しみに待っています。でも、咲いた花はその都度枯れてしまうので、がっかりしています」

それに対する徳永先生の返事が振るっています。教卓の上に出されている子どもたちの日記に、先生が休み時間にコメントを書くのです。

「あの黒い種子から咲きだす朝顔の不思議さを、先生はよく思う。それとともに、五年生になった五十人の種子が、どんな花を咲かせるのか、楽しみに思う。さあ、君はどんな花を、人の世に咲かせてくれるのか楽しみだ。強くて美しい花を頼むよ」

先生が赤ペンでコメントを書いた日記をもらうと、真っ先に先生は何と書かれたかを読みます。そしてスキップを踏んで校舎を出るのです。

いのちといのちが呼応し合う日記

小学校六年生ともなると、一人前の大人のような思考をします。そんな子が書く日記に徳永先生も本心を吐露し、心の交流が生まれていきました。ある児童の日記にこう書かれていました。

「夜、ぼくは考えました。ぼくは今までわがままで、ごうまんで、心の貧しい人間だったのではないでしょうか。そして××さんたちを目の仇にしていたのです。そうだ、そうしていたにちがいありません。ぼくは今から心をあらため、げん然たるたいどで、心の豊かな人間になるよう、がんばります！」

これに対して、先生から真剣なコメントが添えられていました。

「あのね、先生は四十歳をこしたでしょう。六の五の一人ひとりにまた会い、太田郷の子どもぜんぶにふんわりと会い、温かくかたり合いたいと思っています。どんな小さな者にも、どんな弱い者にも、温かさと力を投げかける人になろうと思うんです。でも学校から自転車に乗って帰るとき、その日、なし遂げられなかったことを反省し、自分の心の貧しさを残念に思うんです。……心豊かなれば、何事も許し、すべての人に、太陽のごとく、光や熱や温かさを投げかけられるのに、と。リズム――調和――そんなものが人間にほしい。一人のわがままな者もなく、みんなが温め合い、楽しめる日本をつくるためにも、ね。先生は自分の貧しさを知るがゆえに、君に大きくなれよと願うんだ」

子どもを一個の人間として認め、真摯（しんし）に語りかけていく――。それがまた子どもをさらに成熟させていきました。教育はいのちといのちの呼応以外の何物でもありませんでした。

深い心から生まれる詩の創作

ある生徒はクラブ活動の文芸部で徳永先生が教えてくださったことを書きました。とても素直な気持ちで受け止めています。

「クラブ活動の文芸部では、坂口先生が来られなかったので、代わりに徳永先生が教えてくださいました。そのとき徳永先生は宮沢賢治という人の『雨ニモマケズ』という詩を教えてくださいました。先生の話の中に、

『よい詩を作るには、よいくらし方をしなければならない』

『詩は深い心の中からにじみ出なければならない』

というような言葉がありました。つまり、立派な深い詩を作るには、よいくらし方をし、深い心を育て、その深い心で思ったことをそのまま書き留めなければならないというのです。

そのためには深い心が土台となります。その心はよいくらし方をしているうちに、しぜんに深くできてくるのだから、よいくらし方をすることが土台になります。だから、毎日のくらし方を、もっと深くすっきりしたものにかえていくようにしよう。そしてりっぱな詩が書けるようになろう」

それに対して先生はこう書きました。

「大地の力によって万物は育つ。深い心によって、美しいものは生まれる。

——美しいものは深い心からしか生まれない。よい詩を書きたいと思ったら、深くて静かな心を養いなさい」

生徒との間でこんな対話がなり立つとしたら、学校経営など副次的なことに時間を奪われず、直接子どもたちの心に向き合いたいと思うのは当然でしょう。日記を通して子どもたちと対話したいという先生の思いはいっそう深くなっていきました。

だから坂村真民さんはそんな徳永先生と子どもたちの交わりを見て、感性の花が咲いていると感じて、こう詠みました。

これはもう一本一本の木ではない
　とりどりの花が咲く
山である
　愛の美しい山脈である
徳永さんを中心として
――――――

生徒たちの成長をつぶさに見ている真民さんは、そこに生徒たちの魂が躍動しているのを感じたのです。

三　通い合う師弟の〝いのち〟

師弟の心を通わせる鍵は『日記』だ

おそらくそれに対する回答の一つになり得るものが、熊本師範で同級生だった福本正人先生から『ごぼく』を読み終えて、十月十六日付で徳永先生に送ってきた手紙に書かれていました。それが『天意』昭和四十四年（一九六九）の六十五号に転載されていました。Ａ４判の紙二つ折り、計八ページの『天意』は価値観を共有する教師たちの意見交換の場にもなっていました。

「愛と信念に貫き通された教育の力が、いかに尊くすばらしいものであるかということをしみじみと感じさせられました。君の教育を見て、私は師弟の心を通わせる鍵は『日記』にあったように思われます。それにしても子どもたちがよくぞ日記を書き続け、またそれを丹念に読んで、君は返事を書き続けられたものだと感心しました。子どもたちが日記を書き続けられた秘密は一人ひとりの日記に書かれた君の赤ペンの言葉にあったと思いました。

これによって、一人ひとりの生徒が先生にほめられ、励まされ、慰められ、それがのちのちの生き方にまで生かされているようで、ここに教育の真理があるように思いました」

福本先生も問題意識があったから、生徒たちが日記を出し続けた〝力〟が何だったのか、考えさせられたのだと思います。

「子どもたちが心を込めてそれぞれ作った日記帳、たゆまず書き続けた日記帳、深い愛の心で、先生に読んでもらった日記帳、そして愛の言葉を書いてもらった日記帳──、ここに無限の教育的意義があるように思われ、愛情と熱意の表れとはいえ、まったくすばらしい知恵であり、よいことをされたと感銘します。

『自分を育てるものはじぶんである』とか、『一度思い立ったら、石にかじりついてもやろう』とか、あるいは『便所磨き』という言葉は君の信念から生まれたものでしょうが、実践行の教育的威力に感動を覚えました」

徳永先生は子どもたちの教育に挺身しておられる先生方をしばしば「同志同行の師」と呼んでおられますが、福本先生もまた天草で活躍されている「同志同行の師」でした。

〝一対多〟の関係を〝一対一〟の関係にしてくれた日記

一つのクラスに五十人もの生徒がいると、担任の先生と生徒の関係はどうしても「一対多」の関係になりがちです。教室で毎日顔を合わせていても、言葉を交わすことが一度もないことがあります。

ところが日記に先生のメッセージが書かれると、一対一の対話が始まり、先生と生徒の絆を固く結びつけてくれます。徳永先生は「日記と暮らして」という文章の中で、日記が生徒たち一人ひとりとの絆を結んでくれたと書きました。

「二年間、努めて日記を見てきて、いや別な表現をすると、日記を間において五十人の生徒と暮らしてきたことをふり返ってみると、さまざまなことが思い出されてきます。

ときにはギクリとすることがあったり、ときには笑いだしたり、こりゃ困ったことだと思ったり、ほう、そんなに腹を立てるなよ、君もそんなことを平気で人にしているではないかと思ったり、待てよ、こんなようではいけないぞと思ったり……。

雨の降らない日はあっても、この二年間、私の机の上に生徒たちの日記帳が載っていない日はありませんでした。私は日記上で一人ひとりと話を交わしてきましたが、ある日は日記のページをそのまま破って、カバンにしまい込んだことがありました。あまりにも悲しい日記だったので、その子の悲しみをどうしたらいいか、考えようとしてのことでした。

ある日はこんな手紙も来ました。

「先生、ほんとうにすみません。〇月×日の日記はウソです。〇×△なので、ああいうウソを書きました。今日学校に行くとき、先生や父母にすまないと思い、涙がにじみ出てきました。ウソの日記を書いた苦しみを初めて知りました。今からはああいうウソの日記は決して書きませんから、今度ばかりはお許しください。このおわびを書いて、胸がすっとしました」

彼の日記に赤インクさん（注・徳永先生のこと）は、そのウソを叱ったでしょうか、それとも正直に告白した勇気をほめたでしょうか。それも忘れられないものの一つです。

日記は小さな人生相談の場でした。日記の最後に赤ペンで書かれる言葉が、幼な心にほのかな灯を点（とも）しました。コウノトリは赤ちゃんを運んでくれますが、生徒たちの日記は徳永先生に生徒たちの心を運んでくれました。それと同時に、そのコウノトリは生徒たちに徳永先生の包み込むような愛を運んでくれました。

庭で見つけた大望石

ある日、横田忠道君が提出した日記を読んでいると、石の話が書いてありました。横田君は五年生のとき転校してきた生徒で、体がでかく、何事も積極的に取り組んでいる生徒です。

「今日、ぼくが庭を歩いていたら、なかなかすてきな石が転がっていました。手に取ってみたら重みがあって、どっしりした感じです。ぼくはその石をきれいに洗って、いま持っています。先生、明日持っていくので、良い石かどうか、見てください」

日記と共にどっしりとした盆石が置いてありました。小学校六年生が石に興味を持つなんてとても早熟です。それに対して徳永先生はこう返事しました。

「石をながめることは先生も好きだ。君の石はなかなかいいよ。石はどっしりしていて、すわりがいいものが第一だ。好きな石を見て、いろいろ考えることは楽しいよね。君の石に名前をつけてやろう。『大望石』はどうだ。机の上に置いたらいいね」

石を巡って、ほのかな交流がなされました。この受け答えが「日記」を読んでもらうことの醍醐味です。日記は徳永学級が〝生き生きしたクラス〟になっていくための血液の役目を果たしていました。

この日記には後日談があります。お別れ遠足で球磨川河原の遥拝の瀬に行ったときのことです。みんなそれぞれに置物になるような石を拾いました。先生はそれに「大望石」と書いてくれました。これも楽しい思い出です。

生徒の美点を探し出して称えた

小学校時代の思い出は尽きないものです。目が悪いお母さんの手で育った植山洋一さんは『教え子みな吾が師なり』に次のような手記を残しています。

「十七年前、小学校五年生となり、はじめて師にめぐり合ったころ、それまで担任の先生に叱られてばかりいた私は、先生というものはただ怒るばかりで、恐いものだという観念しか持っていませんでした。師も例にたがわずと思っていました。

しかし、師には私たちを温かく迎えてくださるやさしいまなざしがありました。そのまなざしにひかれ、何とはなしに学校に通うのが楽しくなり、欠席することがなくなりました。クラスには春のような暖かい光がさし、みんなの笑顔の花が咲くようになりました。私にとって、学校というものがほんとうに居心地のいいものとなりました。このころから知らず知らずのうちに、よろこびあい、はげましあい、なぐさめあうことを自然に教えられました。

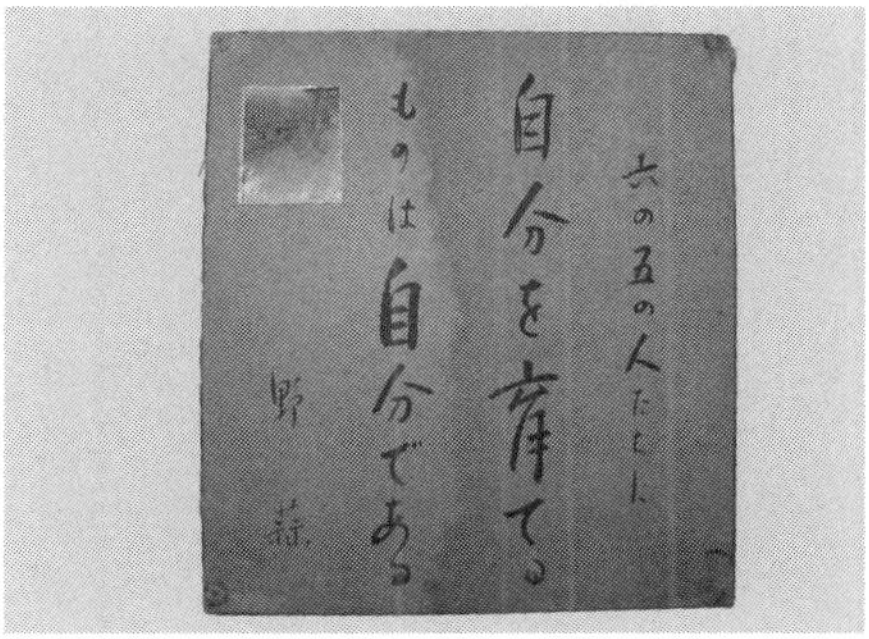

教室の黒板の上に掲げられていた色紙

六年生の初めだったでしょうか。教室の入り口の横に一枚の色紙が掲げられました。筆で、

『自分を育てるものは自分である』

と書いてありました。何の変哲もない言葉で、誰にでもわかる言葉です。しかし、誰にも実践できない言葉でもあります。

また師は私たち個々の美点を探し出すのが上手でした。今は故人となった志水好美君が、絵のことでほめられたことがありました。志水君はそれまでは一度も満足に作品を提出したことがなかったのに、ある日、風景画を出しました。それも十分に完成したものではなかったように思いますが、先生は実に色が鮮やかで、丹念に描いているとほめられました。そしてみんなで志水君に拍手を送りました。

志水君は照れくさそうにしていたが、それからはよく作品を出すようになりました。やがて彼の絵画は本物の輝きをやどすようになり、市の写生大会で見事入選したのです。それも二中からたった一人でした。

師はささいなことでも、美点、長所を見いだし、みんなの前でほめられます。そしてそれに対してみんなで拍手を送ります。クラスの誰か一人の喜びはみんなの喜びであり、その悲しみはみんなの悲しみであるとの教えによって、心から拍手が送られました」

ここに書かれた志水好美君は工事現場から落下して、残念ながら若いいのちを失いました。

四　突然襲った次男の死

悲しみを通してしか見えてこないもの

「コウヤシス　シキュウコラレタシ　タクオ」

昭和三十八年（一九六三）四月二十五日、横浜にいる長男の拓夫さんから突然電報が入りました。信じられない電報でした。取るものも取りあえず、夜行列車「さくらじま」に飛び乗って八代を発ち、勤務地の静岡県富士市に向かいました。夜行列車で一睡もできず、あれやこれや思い惑っていた徳永先生を駅で出迎えた拓夫さんは、抱きかかえるようにして、紘也さんの遺体が安置されている会社の寮に向かいました。

いろいろ聞いてみると、紘也さんは同僚が病気のため夜勤に行けないというので、代わりに行こうと、夜の九時過ぎ、自転車に乗って出かけました。ところが下り坂でスピードが出過ぎ、加えて車輪が石か何かに乗り上げてしまってバランスを崩し、猛烈な勢いで橋のコンクリート部分にぶつかって顔を痛打しました。その上暗渠に落下して急死したのだそうです。

志を達しないまま、冷たくなってしまった紘也さんに対面していると、今まで経験したこともない思いが湧きおこり、ああ、死んだんだ！　という思いが体の中を吹き抜けていきます。悲しんでも、悲しんでも、悲哀は消え去るものではありません。悲嘆に暮れた徳永先生は、「ああ、森先生ならばこんなとき、どうなさるのだろうか……」と恩師のことを偲びました。

天はどこまであなたを鍛えるのか！

森先生は徳永先生からの知らせを受けて、すぐ返事を出しました。

「おハガキまったく夢としか思われませんでしたが、くり返し拝読して、夢ではなく現実であり、しかも現実の中では最深の悲痛であることの動かぬ感がします。それにしても一体どういうことでしょう。まったく天道ありや無しやと申したい感がいたします。（中略）

天はどこまで冷厳にあなたという方を鍛えるのでしょう。はたで見る身が辛くて耐えられない思いです。奥さまに何とお言づていただいたらよいのか、まったく言葉がありません」

そのお便りを仏前に供し、これからの生き方を歯を食いしばって定めることができたのでした。徳永先生はこの苦しかった時期のことを次のように書いておられます。

「私が苦しんでいる者の心が少しはわかりだし、学歴はなくても誠実に生きている人の偉さがわかりかけ、そして自分に与えられた天地に安らぎを覚え始めたのは、山また山の昭和三十八年の出来事があったからでした」

徳永先生の深い悲しみは、先生を人生の深奥へと導いていきました。

「次男の死は私の〝生〟に対する考えを根本的に変えました。そしてこの悲しみを何によって埋めようかと考えました。すると不思議に親のない子が頼ってくるようになりました。また学校では陽の当たらない子たちを抱きかかえようと思いました。それらの子どもが育つのがわが子への供養だと考えられるようになりました」

紘也さんは太田郷小学校で教えたごぼくの子どもたちと同じ年ですが、他校区の学校に通っていました。たくましく成長していくごぼくの子らを見るとき、

（ああ、紘也が生きていたら……）

と連想しないことはなかったのです。悲しみを通さなければ、ものごとは見えてこないといいますが、それは徳永先生の場合も真理でした。つらく悲しい出来事も先生の魂を深化させ、よりいっそう多くの教え子たちと分かち合えるようにしていきました。

その悲しみを追うように半年後の九月、今度は徳永先生自身の下腹部が異常な痛みに襲われ、転げまわって苦しみました。診察の結果は輸尿管結石。即手術。一命は取り留めたものの二か月もの間、入院しなければなりませんでした。人間の命は何とははかないものであることか、誰も明日のいのちは保証できないと痛感しました。

森先生は常々、

「死期を覚悟しつつ、この一日を生きん」

と言われていましたが、そのことの意味合いをはっきり知りました。

君看よ、双眼の色

東京のＪＲ山手線の有楽町駅に隣接した東京国際フォーラムの中に、「相田みつを美術館」があります。仕事帰りのＯＬやサラリーマンたちがぶらっと立ち寄って鑑賞し、物思いにふけっている姿をよく見かけます。

相田さんは私たちがくじけそうなとき、そっと背中を押してくれるような平易な詩を多く書いており、〝いのちの詩人〟とも称されています。その相田さんに「憂(うれい)」と名づけた詩があります。

むかしの人の詩にありました
君看(み)よ双眼の色
語らざれば、憂い無きに似たり
憂い……が無いのではありません
悲しみ……が無いのでもありません

語らない、だけなんです
語れないほど、深い憂い――だからです
語れないほど、重い悲しみ――だからです
人にいくら説明したって
まったくわかってもらえないから
語ることをやめて

じっと、こらえているんです
文字にも、ことばにも
到底表わせない
深い憂い――を
重い悲しみ――を
心の底深く、ずっしり沈めて
じっと黙っているから
眼（まなこ）が澄んでくるのです

澄んだ眼の底にある

深い憂いのわかる人間になろう
重い悲しみの見える眼を持とう
君看よ、双眼の色
語らざれば、憂い無きに似たり
語らざれば、憂い無きに似たり
………………　………………
………………　………………

「にんげんだもの」（文化出版局）より

相田さんがいみじくも語っているように、喜びや悲しみは、私たちの瞳の色を深めてくれるもののようです。

親の祈り心を察知して

紘也君を突然亡くしたとき、語れないほど深い悲しみの底から、徳永先生に自然に言葉が湧き出てきました。

まなこ閉じて
トッサに親の祈り心を察知しうる者
これ天下第一等の人材なり

それで徳永先生はしばらくの間、どの人に出すハガキにも、この一文を書きました。それに徳永先生は子どもたちに対しても、教室で、「子どもに対する親の祈りの心と、それを察知する子どもの心」について、語りかけずにはおれませんでした。

「人の子の親は、喜びもあり、悲しみもあります。夜中、ふと目が覚めたとき、となりですやすや眠っている我が子の寝顔をじっと見て、親は誰しも子どもに対して、どうぞこうあってほしい、こうあってほしいと、そっと祈るものです。

一日二十四時間のうち、親がわが子についてもっとも真剣に考える瞬間です。声なき親の祈りをいつでもどこでも察知する子であったら、その子は学力があろうとなかろうとそんなことには関係なく、人間として第一等の人だと思います」

いつもとは違う先生の静かな話に、子どもたちは何かを感じたようでした。

また、担任する学級のお母さんたちに、わが子の寝顔を見て、「○よ、○よ」とそっと呼びかける祈りの作文を書いてもらいました。工場長の奥さんも、普通なお母さんも、女手一つで育てているお母さんも、涙なしでは読めないような作文を書いてくださいました。言葉に尽くせない母の祈り心はこの世における最上の尊いものでした。

（その祈り心を私の教育に生かさせてください）

と、徳永先生もまた祈り心で受け止めました。あるときは、生徒たちに宿題を出しました。

「両親は自分に名前を付けたとき、どんな祈りや願いを持っておられたのか、調べてきてください」

親たちには子どもに名前を付けたときの祈りや願いを思い出してもらい、もう一度わが子の上に注いでくださいという願いが込められていました。子どもは子どもで、その親の祈りに応えられているかどうか、考えてみようというのです。

わが子に死なれるという悲しみがこういう形で徳永先生の教育に反映されたのです。

こう見てくると、徳永先生の学級経営に保護者が見事に巻き込まれているのがわかります。子どもたち以上に保護者たちが先生の教えを受けたいと思うようになりました。

この「まなこ閉じて……」の詩は、徳永先生の代名詞のようになって独り歩きするようになりました。現在、石に刻まれて、徳永先生の初任地である多良木町下槻木分校や、太田郷小学校、それに広島市の三滝寺に設置されています。

永遠の寂寥感を持った人

昭和三十八年（一九六三）四月、次男の紘也さんを交通事故で死なせ、さらに五か月後、今度は自分自身が大病を患い、その坂を喘ぎあえぎ上っていく徳永先生をじっと見守っていた寺田実践人常務理事は、この痛恨きわまりない出来事が徳永先生に人生の寂寥を経験させ、強いだけではなく、深みのある人に育てていったと見ていました。

するとあるとき、森先生がふと漏らされました。

「徳永君はやはり永遠の寂寥感を持った人ですね」

寺田常務は森先生もやはり同じことを感知しておられたのだと感慨深いものがありました。森先生は書斎の机に座ったまま、虚空を見上げて深々と息を吐きました。

「永遠の寂寥とは、相対感を機縁としつつ、人生を永遠の相においてとらえた無限感をいいます。人の名声をうらやんだり、校長職の地位にべんべんとするような寂寥感ではありません。人並み外れた高揚と充足を知った至純の〝魂〟のみが持つ飢えであり、渇きに対する寂寥です」

徳永先生に深く共感するものがあったのです。

寺田常務は徳永先生編の『教え子みな吾が師なり』の出版に関わり、その後、『徳永康起先生の人と教育』や『徳永康起遺文集』三巻の編集に携わったこともあって、実践人の主だった人の中でもっとも徳永先生を知っている人です。それだけに、徳永先生に詩人としての天賦の感受性を感じていました。

「徳永先生が愛誦された北原白秋の詩『落葉松（からまつ）』や島木赤彦の短歌の主調をなすものは、えも言われぬ寂寥です。

徳永先生が山頭火を好み、若山牧水を愛されるのも、彼らが寂寥を感じさせる詩人だからではないでしょうか。微妙な人だと思います」

徳永先生は実に懐の深い人でした。

第五章

思い出は美しい詩となった

一　傷心の少女の八つ当たり

ある母親の相談

「こん子は人前では話ができんとです。どぎゃんすれば恥ずかしがらんでに、話しきるようになるとでしょうか？」

小学校二年生の宮本定勝君の母親が真剣な顔をして尋ねました。事実、宮本君は教室で人前に立つと緊張し、赤面して震えてしまい、自分の意見が言えませんでした。

すると徳永康起先生は身を乗り出し、前に座っていた定勝君の肩に大きな手を置き、すっかり上がってしまってうつむいていた定勝君をニコニコした顔で覗き込みました。

「大きくなったら、必ずできるごつなるけん、心配なかもんネ」

定勝君は人前で話せるようになりたいと思っていましたが、将来話せるようになるとは思ってもいませんでした。それだけに、将来きっとできるようになるという暗示は、暗闇から一筋の光芒（こうぼう）が射したように定勝君を包みました。

先生のお宅を訪ねると、夏は肌着とステテコ姿で、「よお来たね。どうぞ。どうぞ上らんかい」で迎えてくださいます。「お邪魔しました」と玄関から出るときは、心は安らぎ、やる気になっていました。

「先生は可能性を引き出させ、生きる力を与える不思議な力をお持ちでした」

そんな先生に励まされてしゃべれるようになったどころか、とうとう小学校の教師になりました。

支え合い、助け合い、喜び合う仲間たち

もし誰かが寄り添って、一緒に涙を流してくれたなら、私はこんなに長い間、落ち込んで、すねてなんかいなかっただろうと思うことがたくさんあります。八代市の太田郷小学校の五年五組、六年五組の生徒たちが、徳永先生に啓発されて卒業したあと、ごぼく会という同窓会を作って交流し、血が通う絆を育てていることに、まったく感心してしまいます。

教師が、血が通い合う有機的な絆を育てることを本気で模索していたなら、私たちの大和(やまと)の国はもっともっと豊かな国になっていただろうと思わざるを得ません。

ごぼく会は1号、2号、3号、4号と文集を出してきて、卒業後二十六年経つ現在（令和二年十二月）5号となりました。その折々の文集に、心につまされるような作文

が載っています。それらの作文を読むと、このクラス会がただ表面だけの付き合いではなく、本音で語り合い、本気で支え合っていることを知らされます。こういう血の通ったクラス会に所属していると、立ち直りも早いのではないかと思われます。

いろいろな作文の中に、西川スミ子さん（旧姓沖田）が次のような作文を寄せていました。中学校を卒業すると集団就職で関西に就職し、熊本弁からすっかり関西弁に代わってしまいました。

「私は小学校四年のとき、大変気の短い先生に教わりました。何かあると理由なく平手打ちをくらわされました。でも先生の気にいられている特定の人たちはどんなことをしようと叱られません。私はそんなえこひいきをする先生が信用できなくなり、大嫌いになりました。私の姉は、『先生て、みんなそんなもんだよ』と言います。また私もそう思います。だからだんだんと学校が嫌いになりました。

五年生になるころ、以前どこかの小学校で校長先生をされていた徳永先生が赴任してこられました。姉はとってもいい先生だよと教えてくれましたが、私は何とも思いませんでした。私の心は先生というものと離れてしまっていたからです。

徳永先生は私たちの担任となり、日記を書くよう言われました。私は自分を良いように見てもらいたいと思っていたので、都合のいいことばかり書いて提出していました。

五年生を終わるころ、全学年合同の大掃除がありました。ところが私は図書係の先生から誤解され、何十人といる前で叩かれて押し倒されてしまいました。みんなは私を取り囲み、ガヤガヤ騒ぎました。私はどうして叩かれたのか事情がわからず、その先生の顔を憎しみの目でにらみつけて、自分のクラスに泣いて帰りました。

森先生に「きれいな字だね」とほめられてうれしかった!

徳永先生は自分の机で何か書き物をされていましたが、泣いている私を見て、「どうしたんだ……」と聞かれました。でも私は何も返事しませんでした。家に帰りたいと思いましたが考え直し、授業が終わるまで待ちました。終業時間になったので下校準備をしていると、他のクラスの人が母親といっしょに来て、お詫びしました。

「今日はこの子は私と間違われて、ある先生に叱られたの。ごめんね」

その子が掃除は嫌いだと言ったのを先生が

自宅近くを流れる重信川の土手に立つ坂村真民さん

聞き間違え、私が言ったものだと思って叩かれたのです。私は詫びられたけれども、くやしさは消えるものではありません。

私は家に帰るなり母に当たり散らしました。それ以来、私は母に迷惑をかけるようになり、困った母を見るのが楽しくさえありました。家でも学校でも私は反抗し、毎日いらいらしていました。家では母を、学校では先生を憎みました。そんなふうだから、本気で日記を書くはずはありません。それに人の親切も素直に受け入れることができません。外面は楽しそうにしていても内面では淋しかったのです」

そこにはいたいけな十二歳の少女の葛藤が率直に告白されており、私の目は文面に釘付けになってしまいました。どの非行も反発心から生まれていることがわかります。

「ある日黒板の隅に、徳永先生がいつも話してくださる森信三先生の住所が書いてありました。私は何となく手紙を書いてみようかなと思い、手紙を出しました。するとすぐさまお返事をいただきました。それからの私はことあるたびに便りを書き、字がきれいだねとほめてくださったのでとてもうれしかった。

身近な人にほめてもらえないので、遠い大阪にいらっしゃる、それもまだお会いしたこともない先生がほめてくださることがどんなに励ましになったかわかりません。私は森先生に親しみを覚え、徳永先生も大好きになりました。

私の先生として受け入れ始めた徳永先生が短冊に、

『自分を育てるものは自分である』

と書いてくださいました。私は自分で制作した自慢の短冊掛けにはめ込んでしみじみと眺め、その言葉を心に刻みました」

子どもたちは先生をよく見ています。自分を受け入れ、目をかけてくださった先生を慕い、西川さんの気持ちは前向きになっていきました。

「徳永先生は先頭に立ってみんなといっしょに行動されました。それまでの先生と違い、口先だけではありません。先生といっしょになって汚い便所を磨き、かわいい犬と遊び、その一つひとつに喜びを感ずるようになりました。日記も本気で書くようになり、学びも本気でやりました。何でも本気で取り組むようになったころ、残念なことに卒業しなければなりませんでした。

中学は私だけ私立の中学校に進み、そこで宗教の時間に道徳を学び、少しずつ徳永先生のことがわかってきました。いっしょに便所掃除をしたときは、正直に言って便器の中にまで手を突っ込んで磨くことはないだろうにと思っていましたが、ますます先生のことが忘れられなくなりました。

社会に出てうれしいことや悲しいことがいろいろありました。意志が弱いのでつらいことにであうと、ついつい人を憎んでしまい、自分勝手にふるまってしまいました。先生の教えが本当にわかり出したのは、結婚して妻となり、母親となった最近のことです。ことに身に染みて思うことは、先生が自ら行動して教えてくださった『少しでもよいから、人に尽くせる人間になろう』ということです。これから先、先生の教えをどう生かしていくか、私の胸はふくらみます」

西川さんの心の移ろいがとてもリアルに伝わってきます。ある行動は何かに反抗して生まれているだけであって、その人の実像を示すものではないことがよくわかります。だから虚像に惑わされることなく対処すると、本物の絆が結べるのだと思います。

二　何か、ご恩返しせずにはおれない

お陰さまで道を踏み外さずに歩むことができました！

もう一つ、溝上（みぞかみ）知子（旧姓井村）さんの投稿を紹介しましょう。溝上さんは小さいころ義母の下で育ち、小学五年生のころ親戚に預けられて転校しました。ソフトボー

ルやリレー競走など学級対抗の試合では常に主力選手であっただけに、別れのとき女子は泣きながら、見送りました。でも数か月後、再びクラスに戻ってきたとき、みんなに大喜びで迎えられました。溝上さんは転校が多くてろくに勉強できず、つらい思いをしました。ところが六年生ごろから転機が訪れました。それをこう書いています。

「生まれながらに薄幸（はっこう）だった私は、学校を転々とし、転校するたびに教科書が変わり、担任の先生も友達も変わるので、楽しいはずの学校生活が、苦痛でしかありませんでした。正直に言って太田郷に転校し、徳永先生に教えを受けるようになっても、私は諦めていました。しかしそのうち、今までになかった何かが、ゆがんでいた私の心の中に芽生えていきました。

　六年生となって教室が変わり、新たな気持ちになると、それが何だったのかわかってきました。それは徳永先生が生徒一人ひとりとうち溶けて、苦しいことも楽しいこともいっしょになって味わい、ほめてくださり、今までの私は一人ぼっちだという淋しさをなくしてくださっているということでした」

　例えばある生徒が良いことをすると、徳永先生はその生徒がなし遂げたことを紹介し、みんなでその子に拍手を送り、ほめたたえるのです。そうされるととても照れくさいのですが、うれしい気持ちになり、もっといいことをしようという気になるから不思議です。溝上さんの場合も何かが心の中で動き出したのです。

「常に私には先生や学友という強い味方がいるということに勇気づけられ、今までの暗さが薄らいでいくのが、自分自身でもわかりました。私は初めて楽しい学校生活を送ることができるようになったのです。


便所磨きもしました。六角便所でしたか、八角便所でしたか、汚い便所をよく磨きましたね。徳永先生は汚いところを磨くことによって、自分の心を磨くことになるとおっしゃいました。その当時はよくわからず、どうして先生はこんな汚いところばかり選んで私たちに勧められるのかと思ったものです。（こんなことを言ってすみません）

小学校卒業と同時に私は博多のおばさんのところに預けられ、そこでもつらいことがありました。でもそのとき私は自分を育てていく力を持っていたので負けませんでした。

『自分を育てるものは自分である』

『一度思い立ったら、石にしがみついてもやりとげよう』

などという先生の教えが血となり肉となって私を支えてくれました。そのお陰で私は悪の道に染まることなくがんばることができました」

溝上さんは負けることなく、道を踏み外さなかったのです。

施設で散髪の奉仕をする

溝上さんは結婚してご主人といっしょに「みぞかみ理容店」を経営しました。持ち前の明るさが幸いして、二店舗目、三店舗目と広がっていき、とうとう五店舗目を開きました。そこで溝上さんは考えました。

「何か、世の中にご恩返しできないだろうか？」

溝上さんは悲しい少女時代を過ごしただけに、不幸な境遇にある子どもを見ると、手を差し伸べずにはおれないのです。

自宅の近所で熊本市藤崎台（ふじさきだい）球場の下に、藤崎台童園（どうえん）という施設があります。親のいない子どもや、親がいても事情があって家庭におれない子どもなど、かわいそうな子どもが六十人あまり生活しています。溝上さんはその童園で散髪の奉仕ができないかと考えました。溝上さんが『教え子みな吾が師なり』に寄せている文章から引用します。

「藤崎台童園の隣に保育園があり、私の長女がその保育園に通っているので、毎日童園の前を通ります。保育園では運動会だの遠足だの、親子の行事がたくさんありますが、そんな会があるたび、童園の子どもたちは金網越しにうらやましそうに見ています。

そんな姿を見ていて、私は何か胸を絞めつけられる思いがし、私がふり向くとニコッと笑ってくれます。私はその子どもたちと仲良しになりたいと思い、散髪の奉仕をさせてもらえないかと考えました。さっそく童園に電話すると、すぐにでもいいですよとの返事でした。

そこで手伝ってくれる店の女の子二人連れていきました。午前中に行ったので、学齢期の子どもはみんな登校しており、学校にあがる前の子どもが七人いました。みんなしっかりしているのにびっくりしました。一番小さい子が二歳で、私の次女と同じ年です。親元を離れて童園にお世話になっている……幼な心にこれをどう受け止めているんだろうと同情し、涙が出ました。

りえちゃん、かずちゃん、しきみちゃん……、一人ひとりの名前を覚えました。不幸な子どもたちですが、ちっともひねくれたりしていません。おばちゃん、おねえちゃんと、とても人なつこく明るいのです。

長い年月、あえぎあえぎ歩き続けた私ですが、今は理解ある主人との間に二人の子どもを授かり、それによく働いてくれる従業員に囲まれて、生き抜いてよかった……

としみじみ思います。そしてまことにささやかなことですが、身寄りのない童園の子どもたちに散髪の奉仕ができる喜びが、私を晴れやかな微笑に誘ってくれます」

溝上さんのまわりには喜びの連鎖反応が起きていました。これこそが徳永先生がつくり出したかったものでした。

言葉ほど大事なものはない！

徳永学級の特長は、生徒たちはそれぞれ日記をつけることにあります。生徒たちは朝登校すると先生の教卓の上に提出しておくと、休み時間にそれぞれの日記に徳永先生がコメントを書いてくれ、それが教師と生徒の間に強い絆をつくっていきました。

ある日、男子のA君がこんな日記を出しました。

「学校から帰ってきつかったので、夕ご飯を食べるとすぐ寝ました。寝ながら、NHKの『三つの歌』を聞いていました。宮田輝アナウンサーが頭のはげた人に、『その頭はいつごろはげましたか』とたずねました。きかれた人は赤くなっていたでしょう。それにこうも言われました。『あなたもぼんやりしていますね』と、人を馬鹿にするようなことを言いました。このアナウンサーは売れっ子かもしれないけど、問題だなあと思いました」

A君がテレビの歌番組のアナウンサーの発言に問題意識を感じたので、それを捉えて、私たちが普段何気なく発している〝言葉〟について、コメントを書いたのです。

「言葉は人を勇気づけ、人をなぐさめ、人を喜ばせるものです。かと思うと、人を殺す魔力もあります。美しい人から美しい言葉がほとばしる。『言葉は心の表現なり』と、言えはしまいか」

先生は通信簿の素行評価欄は小さくて書ききれないので、いつも紙を継ぎ足して、びっちり書かれました。その子は一学期、二学期、三学期と期を追うごとにいかに成長していったかを書かれるので、生徒は真っ先にその評価を読むことを楽しみにしていました。

言葉は人を勇気づける力も持っていますが、同時に人を殺す魔力も持っています。そのことを折に触れて、子どもたちに語っていました。


「よう来たね。さあ、どうぞ、上らんかい」

八代市千反町のお宅は、会社が休みになる盆正月には訪ねてくる卒業生が絶えませんでした。先生は玄関に卒業生たちが寄せ書きした画仙紙を貼って作った大屏風を出し、諸手をあげて、「よう来たね。さあ、どうぞ、上らんかい」と招き入れて話を聞かれました。話に花が咲き、みんな笑い転げました。それが帰省のときの楽しみでした。話が終わると、どの子もスキップを踏んで元気に帰っていきました。

「人生の痛苦を歯を食いしばって突破した人々が何と多いことでしょうか。学歴はなくても、それ以上の輝きを持っています。親御さんがあの子のお陰で……と涙ぐんでおられます。私はごぼくの子たちに『人生いかに生きるべきか』を教えてもらいました」

先生の口からは子どもたちを称える言葉しか出てきません。

わずか３畳の間、板敷きの仕事部屋

徳永先生の自宅は平屋で、玄関を上がると六畳の和室があり、その直ぐ左の三畳ほどの板の間の部屋が先生の仕事部屋です。その部屋は北に面しているので日は入らず、冬は寒い部屋でした。しかしストーブは使わず、小さな火鉢を使っており、個人の生活は修行中の禅僧のように謹厳実直でした。
ごぼく会のまとめ役で、みんなが城代家老と呼んでいる吉川征一さんは、真っ赤に日焼けして健康そうな顔をして笑います。

「私たちのクラスのモットーはいつごろからか、『喜び合い、励まし合い、なぐさめ合う』となりました。そんな結びつきを持つ友があることほど幸せなことはありません」

　校庭のすぐ向こうには日本製紙の高い煙突がそびえている太田郷小学校で放課後、陸上競技部の練習に汗を出す後輩たちを見詰めながら、吉川さんは六十六年前、徳永先生というかけがえのない先生を持ったと話します。

「徳永先生のお陰でみんなの絆が固いものになりました。喜び合い、励まし合い、なぐさめ合う仲間がいるから、越えられそうにもない坂も越すことができました。そんな経験をすると、これまた徳永先生の口癖だった『少しでもよいから、人に尽くせる人間になろう』という気持ちになります。幸せの連鎖反応とでもいいますか。ありがたいことです」

　六十六年前、六年五組の生徒たちが卒業記念に植えた五本のカイヅカイブキが、今は見上げるような大木となって夕日に映えていました。

第六章

記念文集が見せた教師と教え子の絆

一　学級記念文集『ごぼく』1号が発行される

『ごぼく』1号に寄せた徳永先生の思い

昭和二十九年（一九五四）十一月、太田郷小学校創立八十周年記念の講演に森信三先生をお迎えして、教職員、ＰＴＡ、それに招待者へ講演がありました。その後、手塩にかけて育てた子どもたちにも会ってもらいました。話には聞いていた偉い先生が来られるというので、いささか緊張しましたが、お会いしてみると、ニコニコした笑顔の気安そうなおじさんでした。

「へぇ、こんおっさんが先生の先生なんだ！　えろう馴染みんよか笑顔のおっさんたい」

「徳永先生から前から話を聞いとるけん、偉か先生だろばってん、そん辺りのおっさんのごたるなあ」

みんなこそこそ感想を述べています。でもすぐその笑顔の虜になり、その後をついてまわりました。この日が、森先生とごぼくの子どもとの初めての出会いでした。

翌昭和三十年（一九五五）三月、太田郷小学校で二年間持ち上がりした子どもたちが卒業しました。その卒業記念に徳永先生は、卒業生たちの作文を集めてガリを切り、卒業記念文集『ごぼく』1号を手渡しました。みんなはそれを紐で綴じて表紙をつけ、布や和紙を貼って自分だけの本に仕上げました。

子どもたちの成長にすべてを賭けるという試みを始めて二年、初めての卒業生を出すので、徳永先生もいささか緊張しました。もはや自分の担任を離れて中学に進む子どもたちに、今後どういうふうに関わっていったらいいのか、多少戸惑いはありましたが、心は決まっていました。

（これからも担任したときと同じ気持ちで、教え子たちに寄り添っていこう。中学や高校や社会に出てからも、晴れているときだけじゃなく、雨の日や風の日だってある。そんなとき、支えることができれば本望だ――）

その気持ちを徳永先生が『ごぼく』1号に書いた「五木（ごぼく）に寄せる」というメッセージで見てみましょう。

「君たちとの二年間の結びつきはほんとうに楽しかった。いくつもの山を越したような気がする。犬のゴロも仲間入りしてくれ、犬を愛する心は人を愛する心と同じだと知った。

牧場では牛や羊たちが私たちに、親切のバラまきはうれしいよと教えてくれた。

ふり返ってみると、私たちは人を憎んだこともあった。人をねたんだこともあった。人に命令しようとしたこともあった。働きをなまけたこともあった。学びから遠ざかったこともあった。今になってみると、そんなことは弱い者がすることだと知った。

同級生と再会して私たちの絆を深める日を、一生を通して五月五日の日と定めた。

一年目、一九五六年の五月五日。十年目、一九六五年の五月五日。どの木が根を大地深くおろして、雨や風の苦しみに耐えるか。どの木が大空高くそびえて、人の心に緑の喜びをもたらすか。五十一本の木の育ちを、私は大きく信じて、そっと喜ぶ人間になろう」


先生自身が毎年五月五日に教え子たちと再会できることをとても楽しみにしています。その間に続く電話やハガキでの交流によって、いっそう堅固な絆が育っていくに違いありません。交流の手段は徳永先生が、昭和三十九年（一九六四）、五十三歳、八代市内の龍峯（りゅうほう）小学校の教頭を務めているとき始めた一人雑誌『龍峯』（その後勤務先が代わったので『氷川』となり、その後『天意』と改題する）によって、いっそう定期的で濃密なものとなりました。

中学卒業記念に出した『ごぼく』2号

徳永先生は太田郷小学校ごぼく会の生徒たちの中学卒業記念に、ガリ版刷りB５判の手作り冊子『ごぼく』２号を出しました。その冒頭を徳永先生の序文『ごぼくに呈する』が飾りました。

「またたく間に中学三年が過ぎてもう卒業だ！　と、誰もが言っているように、実に早いものだ。縁あって太田郷小学校で二年間、おん身らの名ばかりの師として過ごした日も遠い日となった。今年の五月五日は雨のため思い出の会ができず、連絡が取れなかった人たちからお叱りを受けたが、来年は何とかその穴埋めをしたいものだと思っている。

実は夏休みの間に『ごぼく』を作って、おん身らの中学校の最後に重みをつけたいと思っていた。しかし、和歌山に先師芦田恵之助（えのすけ）先生の七年忌法要に出かけたりしていたので、果たすことができなかった。その後も他用が重なってしまい、仕事にかかれなかった。

しかし、投稿された文章の中にはひしひしと迫ってくるものもあり、これだけでも読んでもらいたいと思い直して鉄筆を握った。夜の仕事は原紙の反射がひどくて、なかなかはかどらない。でも、ほんとうに楽しかった。みんなの文章の一言一句に潜んでいる誠実さに触れられたからだ。

進学よし。就職またよし。おのおのも、おのがコースを踏みしめ踏みしめして、歩こうではないか。いよいよこれから各自の本領を発揮して生きなければならないのだ。世の中は決して単純なものではない。また、甘いものでもない。だからこそ、一大勇猛心をふり絞って、その中に身を投じなければならない。かといって、世の中は純真な者を排撃するところでもない。むしろ社会は若々しい生命力と美しいものを欲しているのだ。

おん身らに栄えあれと祈る者の一人になりたいと、私はみんなの生々しい記録を『ごぼく』にまとめ上げた。構想だけはもっと別なものを持っていたが、事の半分も実現できなかった。次の『ごぼく』では、もっと豊かな編集をしたいものと思っている。中学校最後の日々がおん身らに大きい収穫を与えるように祈ってやまない」

卒業生たちの人生を見守っている教師の温かい祈りが満ちあふれている序文です。最後に「昭和三十二年（一九五七）十二月十六日朝二時過ぎ。疲れなし」と記されています。深夜二時、コツコツと鉄筆で文字を刻んでくださったのです。送ってきた文集に込められていた恩師の祈りが感じられないはずがありませんでした。

牛の糞で滑って転んだ阿蘇旅行

その文集に能登武君の投稿がありました。能登君は小学生のころは大変おとなしい人で、人前で発言するのが億劫（おっくう）なタイプです。高校入試を直前に控えた者の不安が書き綴られています。

「小学校を卒業して早くも三年、今では中学校の最上級生になりました。夢のように過ぎ去った中学生活もあと六か月足らずで卒業です。その前に大きく控えているのが高校入試。合格できるかどうかは自分でもわからない。

これから自分が進んでいかなければならない道はどんな道か――三年生になり、やっとわかりかけてきました。自分の志望校に入り、希望する職業につくことができるかどうか、心配です。その希望がかなえられたら、どんなに幸せでしょうか。

ぼくは両親がないため、男らしさがどこかへ飛んでしまい、少しのことにくよくよしたり、涙ぐんだりして、徳永先生を困らせたものでした。ぼくはもっと強くなろう、暗い心をなくそうと思って、冗談を言って笑わせたり、飛びまわったりしています。そのためか、このごろは大分快活になりました。ごぼく会の人の親切を思っては、さらに元気な明るい心を育てていかなければならないと思っています」

能登君は福岡に就職しました。

谷井輝雄君は阿蘇旅行の思い出を書きました。谷井君はめっぽう明るく、みんなといっしょになってわいわい騒ぐタイプの人でした。

「六年で一番の思い出は阿蘇旅行です。途中で雨に降られたので、いっそう思い出深いものとなりました。旅館に行く途中で雨が降りだしたので、洋服はびっしょり濡れるし、道は牛の糞でつるつるして滑ってこける人が何人もありました。

泥だらけになって、やっと温泉に着いたときのうれしさは表現できません。温泉で泳いだり、部屋で相撲を取ったりしたことが次々に思い出されます。その夜は、先生方や付き添ってこられた母親たちは、子どもたちの衣服を乾かす作業で夜通し大変でした。あの阿蘇の雄大な姿や硫黄の匂いなど、私の心に深く刻みつけられています。

それからあの汚い便所を一生懸命磨いたことも忘れることはできません。あれは将来、私たちに役立つことを教えてくれました。五の五、六の五のことは死ぬまで忘れないでしょう。ごぼく会のみんながそれぞれの道で発展するよう、心からお祈りします」

谷井君は大分市に就職しました。みんなの作文を読みながら、仲間意識が強くなっていきました。

二　卒業十周年記念文集『ごぼく』3号発刊！

屏風が思い出させてくれたそれぞれの夢

さらに昭和四十年（一九六五）六月、小学卒業十年目の記念文集に教え子たちに自分の夢を書かせ、『ごぼく』3号を出して教え子たちを励ましました。

生徒たちから原稿を集めて編集し、それを自ら原紙を切って六十部あまり印刷製本するので大変な手間がかかります。教頭の仕事もあり、現在科目を担当している学級以外のことで、よくもそんな時間が捻出できたものだと驚きます。しかも就職や進学のため県外に住んでいる子が大半なので、郵送料も馬鹿になりません。それでも先生は『ごぼく』3号を出して、励ましたかったのです。徳永先生の励ましは実際的です。

「要領よくやっておればそれでよいという人には近づかないほうがいい。自分もいつしかそれに染まってしまい、世渡りが上手な、要領がいいだけの人間になってしまうからね」

みんなそれぞれ社会人になって、生きかたのコツなどを模索していたからとても参考になりました。先生自身、自分の弱さを知っているから、落とし穴を察知したら避けて通られました。転ばぬ先の杖とでもいいましょうか、人生の知恵です。

五月五日は教え子たちが寄り集う日です。徳永先生はみんなが卒業前に画仙紙に寄せ書きしたものを貼って大きな屏風に仕立てることにしました。それを請け負ってくれたのは表具店を経営している牛島澄人さんで、丈が百五十センチある屏風に仕立ててくれました。牛島さんはごぼく会の面々より十五歳先輩の免田十年会のメンバーです。

この屏風は同窓会に集まった者たちの目を引き付けました。十年前の、まだ挫折も何も知らないときの自分たちの夢が書かれていました。まだ二十二歳ながら、現実にぶち当たり、自分の力量を知らされ、あるいは挫折して小さくまとまってしまった自分を嫌というほど知らされました。

(ぼくはいつの間にこんなに世間擦れした大人になってしまったのだろう。若いときの夢を失ってはならない。もう一度挑戦し、夢を実現するんだ)

各人各様にため息がもれました。その様子を見ていて、徳永先生は満足げです。

「この屏風の制作には随分思い入れがあるんだ。みんな十年前の自分を思い出すだろう。それぞれの夢を思い出して、またがんばるんだ。私はこういうことをして、みんなを励ますことができてうれしい」

ごぼく会のまとめ役の吉川征一さんはその様子を、目を細めて語ります。

「寄せ書きにもみんなそれぞれの個性が表れています。画仙紙の中央にどでかい字で書く者もいれば、隅っこに小さい文字できちっと書く者などさまざまです。みんな自分の寄せ書きを見つけて懐かしがりました。

それにしてもこんな配慮をする徳永先生ってすごいです。十年も寄せ書きを取っておいて屏風に表装し、十年目の同窓会に持ってくるんですから！　これで同窓会は一気に盛り上がりました」

この屏風について徳永先生はこうも言われています。

「みんな、天から封書をいただいて、この世に送られてきているんだよな。君にはこれこれのことを成就してほしい、それを成就するだけの力量は与えておくよ、と。この屏風がそれぞれに天から託されている封書を開くきっかけになってくれればありがたい」

夢を失った青年は、見てくれは青年でも、精神は老人です。そのことを大屏風はまざまざと思い起こさせてくれました。いただいた『ごぼく』3号には、徳永先生の長い文章が書き添えられていました。それは自分の父親が自分に語りかけてくるような響きを持っていました。先生の真情が吐露されているので、全文を掲げます。

天が書いてくれた封書を開けるきっかけに……

「十年の年月がまたたくまに流れ去りました。かつての少年少女がたくましい若者になり、きれいな娘になり、中には美しい母となっている人もいます。一九五三年四月五日は小学校の中庭で組分けがあり、まだ話したことのない未知のあなたたちと、五年五組として発足した日です。五の五、六の五の二年間の睦み合いが、こうまで私の心の中に深く刻み込まれようとは……」

先生にとっても〝ごぼくの子ら〟は先生の働きかけに反応してくれた特別な存在だったのです。もし彼らがいなかったら、観客が誰もいない劇場の淋しい独りピエロになっていたでしょう。

「一九五五年三月二十九日、卒業式の前日、みんなは四枚の画仙紙に寄せ書きをしました。私は十年目の五月五日に間に合うよう、屏風に表装しました。でき上がった屏風に寄せ書きされた一人ひとりの名前にじぃっと見入っていると、それぞれの面影が浮んできます。それぞれが無邪気な言葉で、自分の夢や決意を述べていました。この十年間、一人の親泣かせする者もなく、よくぞ生きてくれたものだと、心の底から喜びがこみ上げてきました。

考えてみると、ごぼくの子のクラスは、いろいろな重荷を背負っている子が多い学級でした。自分で自分の道を切りひらいて、生きてゆかなければならない子たちばかりです。

太田郷小学校は工業都市八代の五大工場のうち三大工場を持っている小学校だが、ごぼくの学級には金持ちやお偉方の子は一人もいなかった。一生のらりくらりしていても、何とかなるだろう式の甘い考えを持つことが許されない子ばかりだったのです」

そして先生はごぼくの子らのしぶとさを称え、教育者としての本当の喜びは何であるかを私に教えてくれたと称えています。

「いま考えても、よくぞあの重荷を背負いながら、がんばり通したものだと、拝みたいような気持になります。まだ現に苦労の中におり、歯を食いしばって歩き続けている人もいます。私にはできないことをやってのけている人を何人も知っています。まったく頭の下がる思いです。

思うところあって、私はある地位を自ら去って今に至っていますが、私がひそかに念願していたことが、ごぼくの子らの育ちによって満たされつつあることに、ここに改めてお礼を申し上げたいのです。それは教育者としての本当の喜びは何であるかを、ごぼくの子が私に教えてくれたことです」

徳永先生の本音が現れています。

「どんな貧乏の中からも、片親がなくても、あるいは中学だけの教育しか受けられなくても、育つ者は育つものであることを実証してくれました。何とすばらしい生き方でしょう。千万金をもってしても、一国の総理でも知ることができないありがたい喜びを、みんなは私に与えてくれたのです」

そして自分がいかに多くの人のお世話になって生きているかと思いを馳せました。

「いま私はたくさんの師友に恵まれています。ご存知の森信三先生がなおご健在であられます。八代にはごぼくの子が六年生のとき、教室にも来ていただきました。あれから二度もおいでいただいています。この森先生を巡って、キラ星のごとく輝きながら、真実なるものを求めて生きておられる師友を仰いでいることもありがたいことの一つです。思うに私は感謝すべきことの実に多い人間です。私自身はまことに寒々とした人間なのに」

こうしたごぼく会のために屏風を作ることこそ、徳永先生がやりたかったことでした。これはもし校長を続けていたら、到底できないことでした。

思い立ったらすぐやろう

そして先生は「ひと山は越えた」と書きました。昭和三十八年（一九六三）の秋、輸尿管結石という病になり、生まれて初めて手術をし、二か月間療養生活を余儀なくされたことを書き綴っておられます。

「そのことによって学び得たことは、人間の命は実にはかないもので、誰も明日の命を保証することはできないものであることです。その年の四月には次男を交通事故で亡くしたが、自分に火の粉がふりかからないと、それを感得することができないものです。この二つのことによって、古人が言った『一大事とは今日ただ今のことなり』がよくわかり、今の充実なくしてはこのはかなさと闘うことはできないと知りました」

だからすぐ返事のハガキを書かなければならないことは一分一秒といえどもおろそかにできないものであり、それがこの世に生まれた者の務めを果たすことなんだと自覚されています。

「いま、晩の仕事として鉄筆を握るのも、一つには今しておかなければならない仕事に対する猛烈な意欲と、それにごぼくの子から受けた数々の恩義に対して、いささかなりともご恩返しをしなければならないと考えるからです。

ここに改めてお礼を申し上げます。ごぼくの子よ、さらにさらに風雪に耐えて、根を張ろう。枝を伸ばそうではありませんか」

徳永先生は「思い立ったら、すぐやる」と心掛けていましたが、その信条の背後には、こういう体験があったからでした。


パソコンとプリンターが発達している現代の私たちは、キーボードを叩いて文章を書き、プリンターにコマンドすれば自動的にプリントアウトされてきます。だから鉄筆で原紙を切り、謄写版印刷することがどんなに大変なことで、時間を要することかわかっていません。

先生のニュースレター『天意』を読んでいると、時々「右手が疲れ果てて、これ以上鉄筆でガリを切れないから、今夜（今朝？）の仕事はこれで終わりにする」という文章に出くわします。それでガリ切りは大変な難行であることにハッと気づかされます。

鉄筆を使って原紙を切っていると、鉄筆ダコができるのは当たり前のことで、そのうちに指や手首が腫れて腱鞘炎（けんしょうえん）が起き、鉄筆が持てなくなります。徳永先生を「鉄筆の聖者」などと表現していますが、ガリ切りは難行苦行以外の何物でもありませんでした。

私はいささか年齢を食って、謄写版印刷の時代を知っているので、徳永先生が腱鞘炎と闘いながら、鉄筆を握り続けられたことの苦労が少しはわかります。そんな徳永先生の真摯な思いが子どもたちに伝わり、先生と教え子たちをさらに強い絆で結んでいきました。

農作業の合間の寄稿

この『ごぼく』3号には教え子の中でただ一人、農業をしている吉川征一さんが一文を寄せています。汗と田んぼのにおいがぷんぷんする寄稿です。

「五月中旬の麦刈り、苗代作り、早造りの藺草(いぐさ)切り、この三か月というものは、ほんとうに猫の手も借りたい忙しさです。とくに藺草切りは朝の四時ごろから夜は九時ごろまでの重労働です。十六、七時間の作業の辛さはやった者でなければわからないもので、暑さと睡眠不足との戦いです」

農業の厳しさをそう書きながら、一方では何にも代えがたい農業の楽しみも書きました。

「田んぼの昼飯のうまさ！　大根漬けがビフテキよりもうまい。ときに一陣の風が汗ばんだ五体を吹き通り、その爽やかさに満足感を覚えます。そして一日の仕事をやり終えたときのホッとした喜びも大したものです。身体はくたくたに疲れていても、ゾクゾクとした喜びがあります。これはやり遂げた者でなくてはわからない喜びでしょう」

それに徳永先生はこんなコメントを書きました。

「吉川君は五月十四日、百姓姿のまま、忙しい仕事の合間を縫って、第一号の原稿を持ってきてくれました。この記念号ができ上がるころ、トーチャンになっているでしょう。

吉川君に感謝すべきことは、秋吉剛君が倒産して悲痛のどん底に陥ったとき、百万力を与えて励ましてくれたことです。宮崎にいる失意の秋吉君にも会いに行ってくれています。ありがたい男です」

ただなつかしいだけの文集ではなく、血が通った仲間の近況報告になっていて、『ごぼく』がいっそう仲間意識を育ててくれました。この吉川さんは当時からごぼく会の〝城代家老〟と呼ばれ、みんなの連絡の要としてがんばっていました。

世の荒波をものともせず

社会に出ると情け容赦のない荒波にさらされます。秋吉剛さんはお父さんが沖縄で戦死し、祖父がやっていた家業の印鑑屋を継ぐ予定でした。高校を卒業して一年目に祖父が死に、事態が急変して、家は破産してしまいました。秋吉印房は、八代市はもとより、他都市にまで知れ渡っている老舗で、祖父が生きていたときは何不自由なく暮らしていました。ところが倒産すると、債権者が家に押しかけ、事情がよくわからない剛さんは翻弄されました。おまけに養母が出ていってしまい、途方に暮れました。そんなとき、徳永先生を訪ね、事情を話しました。先生は事情をわかってくれ、励ましてくれました。

「いつでも私の家に来い。何日居てもかまわんぞ。財産はこの際全部放り出してさっぱりしたほうがいい。人間、一生の間にはこんな大風が吹くもんだ。妻子を持ってから路頭に迷うより、今の若さで受けた方がいいときっと思うようになる。人間、温室育ちはだめだ。サラリと再起しようや」

剛さんは気持ちを取り直し、実母が経営しているレストランでバーテンをして働き、ようやくバーテンのバぐらい覚えました。ところが何があったのか、突然八代から消

植山操縦士と沖縄県石垣島の子どもたち

えてしまい、連絡が取れなくなってしまったのです。

心配した徳永先生はあちこち探し回り、やっと宮崎にいるらしいとわかり、ハガキを出しました。するとすぐ反応があり、宮崎から手紙が飛んできました。文面には、男一匹独立せずにはおかぬ！　という決意がありありと表れていました。先生はすぐ返事を出しました。「ツヨシ。その名の通り、ツヨシになれるぞ」

いろいろ聞いてみると、実母の店も異父弟妹があって複雑だったので、宮崎に修業に出て、独立するために資金を貯めているのだといいます。みんなから城代家老と呼ばれている吉川さんは宮崎に駆けつけ、秋吉さんを励ましました。

開店資金が貯まった秋吉さんは、ささやかながら宮崎に店を構えました。しかし残念ながら数年して肝臓ガンになり、店を閉じました。秋吉さんは波乱人生を歩み、結婚することなく生涯を独身で過ごし、沖縄に移住しました。沖縄は、何と、実のお父さんが戦死したところです。

十数年ほど前、秋吉さんから突然、吉川さんに連絡が来ました。体調が急変したというのです。すぐさま吉川さんと山本文生さんが沖縄に飛び、秋吉さんを見舞いました。彼は長年ごぼく会の誰とも会うことなく、一人で頑張ってきていました。でも、二人の見舞いに声を出して泣き崩れ、「ありがとう、ありがとう」と何度もお礼を言いました。吉川さんたちはしばらく小学校時代のことを話し、彼の気持ちが落ち着くのを見届けると、「剛、弱気になるなよ」と励まして帰りました。

それから半年後、秋吉さんは帰らぬ身となりました。秋吉さんには、血のつながる身内もない沖縄の地で、お父さんといっしょに永遠の眠りにつきたかったのでしょう。

第七章

卒業十五周年記念文集が巻き起こした反響

一　卒業十五周年記念文集発刊への胎動

大きな決断をすることになった大阪ごぼく会の集い

昭和四十三年（一九六八）八月一日、大阪ごぼく会の集いが徳永先生を迎えて、大阪城に近い大阪共済会館で開かれました。参加者は当日の主人公であるごぼく会の青年たち五名と、森信三先生、上村秀男先生、前川守先生、田原宏一先生、寺田一清先生、端山護先生、それに非凡な実業家の内田軌一さんなど実践人の中核をなす方々です。上村先生は、教師と教え子の集いに部外者が出席するのはどうかなと思いましたが、徳永先生から、

「たっての願いです。手塩にかけた私の宝物を見てください」

と熱心に誘われたので出席しました。上村先生たちを会場に案内したのは、ごぼく会の中心メンバーである植山洋一さんです。上村先生と植山さんは初対面でしたが、徳永先生の『天意』に何度も書かれていたので、初めてとは思えません。陸上自衛隊の航空隊で激しい訓練を受け、凛々しく引き締まった顔に、双眸が澄んでいました。

上村先生は近年、このように涼しい瞳を持った青年に出会ったことがないという印象を受け、彼がかもしだす温かさがごぼく会を象徴しているように思えました。

上村先生は徳永先生の隣に座りました。懇親会ではそれぞれが自己紹介したのち、徳永先生がひと言挨拶をされる段になりました。

「本日はみなさん、それぞれお忙しい中を、この集いのためにお集まりくださり……」

と話し出して、先生の言葉がハタと途絶えました。見ると、テーブルの上に置かれた徳永先生のたくましい左手がぶるぶる震えているではありませんか。上村先生は思わず息を呑みました。

（鬼もたじろがせるような偉丈夫の徳永先生が泣いておられる！　なつかしい教え子たちの顔を見て、胸がいっぱいになり、感極まって泣いておられるのだ――）

そう感じて、上村先生も目頭が熱くなりました。

（この感激は教師という仕事に携わる者にだけ、それも真実心を貫いて、教え子と共に生きた教師にだけ与えられるものだ。

ああ、ここに人生の至高至善なるものがある。世間の毀誉褒貶（きよほうへん）など、いったいどれだけの価値があるというのか……）

燦然と輝く真珠のように尊い時間が流れていきました。

実はこの集まりが持たれる直前、大阪市教育委員会の黒い私閥が摘発され、世間を騒がせました。校長に取り立ててもらいたい教師たちが大阪市教育委員会の幹部にカネを貢いでいたというのです。いわゆる「口きき」はことあるたびに行われており、清廉潔白だと思われていた日教組の幹部も逮捕されました。この事件を通して、金を使ってでも校長になりたいという、いわゆる〝校長病患者〟が教育界に意外に多いことが知らされました。

それだけに徳永先生が自ら世間的栄誉をかなぐり捨てて、一介の教育妙好人として歩んだことは暁天の星のように極めてまれなことで、上村先生は徳永先生を高潔な人だと高く買っていました。

上村先生は師弟の水入らずの場に長居してはいけないと思い、適当なときを見計らって中座するとき、お礼の言葉に添えて提案しました。

「徳永先生はいつも『天意』にごぼく会のみなさんのことを書いておられます。あんなに先生がみなさんのことを書いておられるのに、みなさんが先生のことを書かないのは残念です。今度はひとつみなさんで先生のことを、それぞれの角度から書いて、文集を作られてはどうでしょうか？」

上村先生がご提案されたとおりでした。これまでの文集は『ごぼく』1号も2号も3号も、全部徳永先生が教え子たちから作文を集め、ガリを切り、印刷製本して、みんなに郵送されていました。おんぶにだっことはこのことです。では次号は全部自分たちの手でやろう――そんな思いが強くなりました。

火付け役となった上村秀男先生

上村先生は実践人の古参の中心メンバーの一人です。明治四十五年（一九一二）生まれなので徳永先生とは同年なので、お互いにツーカーの仲です。

上村先生はもともと作家になりたいと思っており、目標は夏目漱石でした。ところが、旧制中学の卒業間際に肺結核にかかって療養生活を余儀なくされ、旧制高校進学の夢を断たれてしまいました。そこで一年後、兵庫県の池田師範に進み、教壇に立ちました。教師としてのバックボーンができかけていた昭和十四年（一九三九）の暮れ、二十八歳のとき、『修身教授録』を読み、生涯忘れられない感激を得ました。

生家が尼崎市の東灘波八幡神社（ひがしなにわやはた）の社家だったことから、同市水堂（みずどう）にある須佐男（すさのお）神社の宮司を継ぎましたが、敗戦後の昭和二十二年（一九四七）、「祖国の復興のために働こう」と教壇に復帰しました。そして二年後、念願の森先生にお会いし、教職のかたわら、活動の中心が実践人に移りました。森先生が教師たちの研鑽の場「実践人の家」を尼崎市に移されたのは、上村先生の尽力によるところ大です。

大阪ごぼく会に同道された前川先生は、昭和三十五年（一九六〇）、勤務先で上村秀男先生を知ったことから教育道の奥深さとそれに携われる喜びを体験し、教育こそ聖職であり、天職であると確信しました。そして上村先生の導きで森先生の知遇を得ました。前川先生の参加は実践人の集まりの質を高めました。

それぞれ仕事を持ちながら編集作業に没頭

編集にはごぼく会の吉田健二さん、植山洋一さん、つくし会の田上憲洋さん、八代八中卒の宮本ハルエさん、それに田川義継さんの五名が携わることになりました。年齢はごぼく会の人たちが二十六歳、田上さんが二十四歳、宮本、田川さんは二十三歳です。

集まる場所を吉田さんが住む独身社宅とし、先ず内容の構成を検討しました。各自の小学生時代の日記帳やごぼく会の近年の状況を作文にして送ってもらい、また徳永先生には小学校二年間の記録をお願いし、みんなの日記帳の内容を選定し、浄書しました。

並行して、田島修二郎先生に監修をお願いし、出版社は田島先生が親交の深い大阪の銅座幼稚園の長野八重園長に相談した結果、矢野印刷社の矢野輝一社長の紹介をいただくなど、出版に向けての話はトントン拍子に進みました。長野園長はごぼく会では資金力が不足するだろうと多額の寄付をされ、矢野社長は印刷製本の経費を大幅にカットされました。

この間、編集指導を枚方(ひらかた)市の渡辺恵美子先生がやってくださり、編集作業が初めての若い人たちは大助かりです。こうして一年一か月の奮闘の末、B6判三百七十ページに及ぶ『ごぼく』4号が完成しました。みな若かったので無理も利いたのです。それに若い人たちの熱気に関係者も引きずられて応援し、初版五百十部刊行しました。

刊行の直前、植山さんは一切の編集作業を終えて、福岡県久留米市の陸上自衛隊幹部候補生学校に入校し、あとの販売と郵送は吉田さんが引き受けました。

二　卒業十五周年記念文集が巻き起こした反響

「最近、こんなに感動をもって読んだ本はありません」

教師と生徒の交流を赤裸々に綴った『ごぼく』は実践人に関係する教師に多大の反響を巻き起こしました。日本一と評判の高い大阪の曽根崎小学校をつくりあげた桑原於菟也（おとや）元校長は読了して得た感激をこう書きつづり、友人の教師たちに百二十通もの紹介状を出しました。

「退職した私がこのように本をおすすめするのは出過ぎたことかとも思いましたが、この本の普及が教育再建の道につながることを思い、やむにやまれぬ気持ちから筆を執りました。

最近、こんなに感動をもって読んだ本はありません。ポロポロ涙がこぼれました。それにこんなうれしい思いを持って読んだ本はありません。ほのぼのと胸がふくらみました。

教育がこの国から消え去るのではないかと思うようなことが連発している昨今、ここには師弟の魂の呼応が鮮やかに生き続けています。この本は小学校卒業十五周年を記念して、恩師に献呈すべく、かつての一学級の児童——今は満二十七歳になった若者たち——が自分たちだけの力でつくり上げました」

文中、「教育がこの国から消え去るのではないかと思うようなことが連発している昨今」と書いておられるのは、過激化するばかりの大学紛争を指しています。

「本の形は書店に並ぶ豪華本に比すべくもありませんが、しかし、その内容からみれば、この本のごとき豪華本はめずらしいのではありますまいか。

卒業後も変わることなく教え続け、励まし続ける師——。

卒業後も変わることなく慕い続け、師の教えを胸に抱き続ける教え子たち——。

先生の至誠、子どものまごころとの接触が、この本において美しい火花を散らし、真珠のような輝きを放っています。この本は教師に対しては教師道を、人々に対しては人間の生き方を語りかけてくれます。この

卒業15周年記念文集『ごぼく』4号

本を生みだした根源の力を与えられたのは、熊本県八代市の徳永康起先生です」

大阪で最高の教育者として評判を勝ち得ておられる桑原先生の推薦によって、『ごぼく』４号は教育界の話題となりました。

目を見開いた教師たち

吉田健二さんや植山洋一さんなど編集を担当した青年たちを最初から励まして導いてきた前川守先生は編集責任者の大任を果たした植山さんに手紙を書き送りました。

「書物の編集ということがどんなに苦労が多いものか、今回体験なさった方々からあれこれ聞いていていました。お慣れにならない仕事を公務の寸暇をさいて完成されたことに衷心より敬服しております。この書を捧げられ、手にされたときの徳永先生のお気持ちを推察し、わがことのような喜びを覚えます。

日本の教師の中で誰がこの喜びを味わい得たでしょう。多少の師弟のつながりはあっても、五木の会員と徳永先生との固い絆で結ばれているものは、よもや他にはないのではないかとさえ思われるのです」

前川先生も教師をされているので、教え子たちから反応があることがどれほど教師の励みになるか、よくご存じなのです。吉田健二さんにも手紙を書き送りました。

「昨日と今日、早速拝読し、感動置くあたわざるところです。きっと『ごぼく』を手にされた徳永先生が感涙にむせんでおられる姿が目の前に浮かぶようです。日本広しといえども、恩師をしのび、親友が団結して、師に捧げるこの書を刊行されたということは、他に類のないことではありますまいか。この意味で、『ごぼく』の出版の真価は今後必ずわが国教育界において実証されることでありましょう」

前川先生は二十部注文して同僚たちに薦めました。

歯に衣を着せず、ずばずばものを言うことで有名な鳥取県の校長で、森門下生の四天王の一人と目される小椋正人先生は、徳永先生と同じ明治四十五年生まれで、おい、お前と呼び合う非常に気心の通じ合った同志です。小椋先生は理科教育に秀でたものがある一面、賀川豊彦に傾倒し、聖書を尊崇するなど、とても信仰的な側面の持ち主でもあります。その小椋先生からの手紙。

「『ごぼく』、十月二十七日に拝受。ページをめくると、たくさんの教え子たちの名前が出てくる。その人たちの目が、たった一人の、さして愛嬌のある顔でもない、人好きのしそうにない男の顔をまばたきもせずに見ている。いや顔ではない、心を見ているのだ。いや見ているのではない、つながっているのだ。心と心が！

よくもこのような本が出たものだと思う。同窓会の案内状だってなかなか書けない。

出欠の返事さえしないことが多い世の中だ。奇跡の書だな。誇張でなしに。一体この人たちはどんな人たちだ？　どう教えるとこうなるのだ。熊本の水が他より別のものでもあるまいに。

あなたが生徒に向かい合っていたころ、私も同じことをしていたわけだが、私は生徒になにをしてやったろうか――何もないんだな、それが。真似しようたってできることではない。やはり教師の血の違いだろう」

自分を叱咤激励する

小椋先生はご自分の個人雑誌『ませんろく』でも次のように紹介されました。「ません」とは漢字では磨甎(ません)と書き、瓦を磨くという意味です。容易には結果が出ないようなことでも、そんなことを超越して、誠心誠意を込めようという意味です。

「この書は『教え子を師』と考えるべきであるという理念を述べたものではなく、また『教え子を師』と思うべきであるという信念を述べたものでもない。徳永がその生涯を振りかえって、そういう感慨を吐露せざるを得なかった事実を羅列したものである。

〝教え子みな吾が師なり〟など教員がよく使うセリフで、キザであるが、こと徳永に関する限り私は一言の反揆もない。彼は思わせぶりな気のきいたシャレた言い方のできるほど器用な男ではない。彼はこういうより外になかったのである。

もともとこの書は世間に売り広げるためにつくられたものではなく、彼が担任していた生徒たちが、小学校を卒業して十五年を経た今日、師と共に過ごした子どもの頃をなつかしんで、その思い出をまとめて師に捧げたものである。

言わば、徳永という一個の肥後もっこすが、世間的な名声も校長の椅子もなげ捨てて、一途に子どもの中にとけこんだ生涯に対するたったひとつの最高最大の贈り物である。そのおすそわけを我等凡庸の教員がいただくわけである」

これは同じ教職にある者が捧げた最高の賛辞ではないでしょうか。

教育者だけが味わえる醍醐味

東京都の二瓶一次（にへいかずつぐ）先生は徳永先生宛のハガキにこう書かれました。二瓶先生は徳永先生が一目置いている先輩教師です。

「昨夜、『ごぼく』4号を味読し、一種の興奮からでしょうか眠れず、午前二時ごろまで拝読しました。ため息が出るような感動を覚え、教育者はここまでくれば、地位とか、世間的名誉とか、物的財産とか――そんなものは、はるか断崖の下の方に眺められることになりますね。あなたは本書を手にして泣けてならなかったそうですが、それは教育者という者だけが味わいうる醍醐味です」

二瓶先生は、後述する八代市教育委員長の池田正先生とは長い間清交を持たれており、二瓶先生あることによって池田先生があり、池田先生があって二瓶先生があるともいえ、共に日本の教育界の至宝です。大先輩にあたる池田先生は後進の徳永先生にこんな手紙を寄せられました。

「授業をすませて教員室に帰ってきたら、先生からのお便りと『ごぼく』が届いていました。早速読んでみると、徳永先生の教育の根の深さと偉大さに改めて感服しました。私もこれに似た仕事をしてきましたが、とうてい足下にも及びません。今からでもできることがありそうなので、徳永精神に学びたいと思います」

池田先生は徳永先生の生き方に共感し、山田実県視学とともに、徳永先生を三十五歳の若さで校長に押し上げるのを強力に図られた方です。また、芦田恵之助先生の同志同行のお一人で、芦田教育を語らせたらこの人の右に出る人はいないと言われました。

大分市の山崎彦一先生はこんなハガキをしたためました。

「『ごぼく』は何と美しい書でありましょう。この書には人の真実が深く流れているので、こんなに私の心を打つのでしょう。あるときは声を大にして隣の妻に読み聞かせ、あるときは独り静かにごぼくの子らの心根に接し、自己を育てるものは自分以外にないと見抜いておられた先生の洞察の深さに驚き入っております」

森先生を囲んで研鑽に励んでおられる実践人の会員で、大阪府堺市で教鞭を執っている辻尾弥三郎（つじおやさぶろう）先生はこう書きました。

「教え子を師とし、教え子に詫びるなど、切々たる情がほとばしり出ており、今の日本の教育界に光るただ一つの星のような気がします。本当に頭がさがることです」

生徒たちの前で教師面せず、誤ったら率直に詫びるのが徳永先生の信条ですが、辻尾先生はそれが自由闊達でいいと評価されます。

卒業後十五年たってもなお強く結ばれている師弟関係

熊本県菊池郡の工藤誠一先生はお礼の手紙にこう書かれました。工藤先生の父親は合志義塾を主宰された工藤左一塾長です。

「ぴたりと引き付けられたのは柴藤清次さんの一節で、息もつかぬほど、一気に読みました。〝名もなき民〟のまごころの交流が流露しておりました。特別な優等生でもなさそうな、それも三十に足らないぐらいの人たちがよくもすらすらと書けるものだと驚いています。日記をつけるなど、小さな努力の積み重ねがこうなったのでしょうか」

大阪の田原宏一先生の奥さまはこんな感想を漏らされました。

「偉い人やなあ、徳永先生は。こんな人がこの日本におられるのかな――。信じられないくらい。小学校時代、わずか一、二年間担任されたぐらいで、子どもたちがこうもかわるものやろか?」

田原先生の奥さまが言われたように、わずか一、二年担任したぐらいで、子どもたちは変わるものではありません。卒業後も電話やハガキのやり取りをし、記念文集を出すといった中身が濃くて継続的な交流があったからこそ、十五年目に教え子たちが動き出したのです。

富山県の高峰立山の山麓で教鞭を執っておられる良峯(よしみね)仙次郎先生が、徳永先生に長い手紙を送ってこられました。

「『ごぼく』4号を深い感動のうちに二回読み終わりました。最近は卒業記念文集すらあまり発行されないのに、『ごぼく』はもう4号にもなることにまず驚きました。それに現在担任している生徒にすら手がまわりかねるのに、卒業後十五年にわたって深く強く結ばれている師弟関係に感嘆いたしました。

まことにあなたほどの情熱を持って教育に打ち込めたら、これ以上の生きがいはないでしょう。そしてその教育行から生まれた数々の言葉は何とすばらしいことでしょう。

『教え子、ことごとくわが師なり』

『自分を育てるものは自分である』

『まなこ閉じてトッサに親の祈り心を察知しうる者、これ天下第一等の人材なり』

これらの言葉は永久に人心を打つ至言と存じます」

そして良峯先生は昭和二十九年（一九五四）七月、森先生をわが家に迎えたことを述べ、そのとき森先生が「熊本に校長職を自ら捨て、希望して学級担任になった徳永という教師がいる」と話しておられたと書いています。

「そして徳永先生を熊本の教育界が遇することが酷薄であることを嘆かれ、しかしながらこれは偉大なる魂がこの地上において経験せざるを得ない、まぬがれがたい運命であり、それによっていよいよ天成の光が発揮されるのですと述べておられました」

と書き添えています。

「大校長とかの世間的な栄誉や県の校長会会長と呼ばれることはかえって、真の教育行を鈍らせるかもしれません。俗世間は〝超凡破格〟といわれる教師を敬遠するともいえます。自分と比較されたらたまらないから……」

良峯先生は実践人の研修会で徳永先生に会うのを楽しみにされていました。

三　実践に優る教育はない

実践の事実が持っている説得力

大阪市で教鞭を執っておられる林田勝四郎先生はこんな感想を寄せられました。

「近年これほど心を打たれた本はありませんでした。読了後もただ茫然としてしばしの時を過ごしました。大した教え子たちですね。小学校五、六年のときに身をもって教えられたことが、十有五年生き続けて、それが生活の信条になっている教育事実を具体的に見せていただいて、本当にありがとうございました。

『教師はかくあるべし』と説かれる森信三先生の教えよりも、真の教師に教えられた事実をあなたの教え子たちが書いた『ごぼく』４号は、はるかに強い説得力を持っております。

私は『ごぼく』を読んで、終始あなたやごぼくの同人たちに頭を下げ続け、自己の四十年の生き方がいかに真実ならざるものであったかと反省させられました。同時にわが教え子たちにすまないという後悔の念がしきりに湧きました。

そして『ごぼく』を読んでいなかったときの私の徳永観と、読了後の徳永観とは随分違ったものになりました。『ごぼく』は私を覚醒させた本だと強く感じています」

林田先生も芦田恵之助先生の弟子で、その遺徳を継いでおられる先生です。

兵庫県で養護教育に尽力されてきた玉田泰之（やすゆき）先生は、徳永先生にこう書き送ってこられました。

「ただ今『ごぼく』を読み終えました。児童と別れて十五年も経てば、その関係も薄くなるのが世の常ですが、徳永先生の場合その逆で、ますます密になっているのに驚きます。でも、日頃先生を存じあげている私からすれば、それも当然だと思います。

先生が故志水好美君に寄せた一文を車中で読み、思わず涙がこぼれました。〝いのちの触れ合い〟を、先生と志水君の間に見いだしたのです。それにしてもこの一書は私に大なるものを教えてくれました。だから表紙の裏に、『われ、徳永先生を目指して進まん』と書きました。照準を児童の心に合わせます」

私たちの国は大切なものを失ったのではないか

子どもたちとの関係が単なる知識の受け渡しに終わることはどの教師も望んではいません。昭和四十三年（一九六八）、御殿場で開かれた実践人夏季研修会で三日間いっしょになった予備校のある女性教師は、自分の学校の現状を嘆く手紙を寄こしました。代々木ゼミで教えておられる先生で、大学紛争たけなわのころです。

「普通の先生は、性格や成績がいい生徒、社会的地位が高い保護者の子だけをかわいがり、暗い運命のもとに生まれてきた生徒には目もくれずにいらっしゃいます。ひどい先生になると、出来の悪い生徒を邪魔者扱いにされます。

将来性のある生徒を有名校に合格できるように伸ばしてやるのも教育でしょう。でも、恵まれず、悲しみの中にいる生徒たちに、人間の尊さや生きる価値を教え、恵まれた人も恵まれない人も、みんな助け合って生きていかなければならないことを教えるのが本当の教育だと思います」

彼女の手紙は目撃した国際反戦デーの狂気を描写しました。

「ここ代々木ゼミでも紛争が起き、英文法の授業が始まる直前、一階のガラス窓が割られ、石や敷石、牛乳ビンなどが滅茶苦茶に飛んできました。過激派学生が目を吊り上げてアジ演説をぶち、怒号が飛び交い、狂気の暴力が荒れ狂いました。いわゆる一〇・二一国際反戦デーといわれるものです。私は息ができなくなるほどドキドキし、手も足も震えて動かなくなりました。予備校は急遽臨時休校になりました。

そういう現状を見るにつけ、それまでみんなが目標にしていた〝よい成績〟を取るとか、〝有名大学〟に合格するとかの価値観は一体なんだったのかと、木っ端微塵(みじん)に崩れていきました。あの過激派学生たちは誤った教育を受けて、力の強い者が勝ち残って栄え、弱者や不適応者が滅びるという弱肉強食の価値観に立った結果、自分自身が息苦しくなって、社会を暴力で転覆しようとしたように思います。

私たちが持つべき価値観は優勝劣敗、弱肉強食という価値観ではなく、徳永先生が大切にしていらっしゃる『弱者を助け、みんなして栄えていこう』という思いやりの価値観です。彼らはそこを誤ってしまい、自分の内面を見詰めることなく成長し、ついに人間の枠からはみ出してしまったとしか思えません。戦後教育は崩壊したと私たちに突き付けられているように思います」

その手紙は真剣に、私たちの社会は一番大切なものを失ったのではないでしょうかと訴えていました。それに対して徳永先生は真摯に答えました。

「社会のリーダーシップを採るべき優秀な学生たちこそ、弱肉強食ではなく思いやりの価値観に立つべきなのに、戦後教育は根本のところで間違ってしまいました。おっしゃる通り、今般の大学紛争は戦後教育の破綻と受け止めるべきです。

暴力が容認されたら、世相はますます混乱してしまいます。過激派が主張するように、目的を成就するためには手段を選ばないというのであれば、即覇道に陥って人間は餓鬼畜生になってしまいます」

徳永先生は社会を震撼させた学生運動に直面して改めて、自分がやってきた教育は間違っていなかったと確認でき、若い先生に対する指導はいっそう的確なものになっていきました。

音を立てて、教育の崩壊が始まった！

大学紛争を他人事ではなく、戦後教育の崩壊だと深刻に受け止めていた教師たちは、徳永先生が熊本県の片隅で営々と築き上げてきた師弟愛のモデルに共感し、徳永先生に讃辞を送ってきました。次に紹介するのは神戸市の安田善四郎先生から寄せられた手紙です。

「何から書きはじめたらいいのか、涙と共に、凛然（りんぜん）とした勇気が与えられて、ありがたい極みです。『ごぼく』４号のご出版、おめでとうございました。先生の教育者としての全生涯の結晶がここに成りましたね。しかもそれが先生自身の手ではなく、教え子たちの手によって成ったというところに、驚天動地の神のみ業を思います。

いま大学では、恩師をお前呼ばわりして長時間つるし上げ、前学長の胸像にナタを打ち込み、反戦平和を叫びながら、『聞けわだつみの像』をなぎ倒すなどという蛮行がくり広げられています。師弟の情誼(じょうぎ)は地に墜(お)ちたと思われる現時点に、教え子たちによって、いのちの教えを永く後世に伝え、恩師の人間像を浮き彫りにする本が刊行されるとは！　こんなうれしく美しいことが現下の日本でなお行われているとは感謝です。

ああ、日本の教育は未だ滅びず、再起の兆しを見る思いがします。大学紛争の波がわが高校にも押し寄せ、日夜爆弾を抱えているような状態で、お恥ずかしい限りです。私も全精魂を傾けて最善を尽くす覚悟です」

毛沢東思想に盲従し、造反有理を叫ぶ全共闘

『ごぼく』4号が刊行された昭和四十四年（一九六九）は、大学紛争の真っ最中でした。

昭和四十一年（一九六六）五月に、毛沢東が主導した文化大革命は「反革命・実権派」と称する政敵を殲滅(せんめつ)しようとする一大奪権闘争でした。しかし表面上はあくまで

も紅衛兵を扇動して文化大革命を唱え、中国文化から資本主義の残滓を取り去るという名目で、実権派の劉少奇を追い落とすことに成功し、毛沢東が国家主席に返り咲きました。

日本では毛沢東思想に従って「造反有理」（謀反には道理がある）が叫ばれ、大学のキャンパスは四文字の「造反有理」の立て看板が立っていないところはないほど、狂気が荒れ狂いました。全共闘や左派勢力は国家権力にたて突き、反日米安保闘争やベトナム反戦運動に学生を駆り立てていました。

こういうように日本が四分五裂した動乱のさなかに、『ごぼく』4号が刊行されたので、安田先生が書かれたように、誰もが「日本の教育は未だ滅びず」と思ったのです。この少しあとに坂田文部大臣の反応を紹介しますが、誰しもが解決の道がここにあると安堵したのでした。

限りなく呼応した若きいのち

帝塚山大学の松末三生教授はご自分の個人雑誌「三生」に一文を寄せました。「かつて坪井栄氏の『二十四の瞳』があった。また無着成恭氏の『山びこ学校』が名声を博した。いま、教え子が描く恩師像『ごぼく』4号が、小学校卒業十五年を期して、ひそかに出版された。こうした例がほかにあるだろうか。

　彼らの師、八代市の徳永康起氏いわく。

『出版など全然やったこともない青年たちが、私の死後ならともかく、まだ生きているのに（五十七歳）、このようなはなれ業をしてくれるとは……。九月十八日夕、読みゆくうちに、とうとう風呂場に駆けこんで、顔を洗わなければならないようになりました。そして秋空に向かって〝教え子、ことごとくわが師なり！〟と叫ばずにはいられませんでした。

　しかもこの本が生まれるのに、それまで一面識もなかった方々が、あなたたちのその心がけに対してと言って、温かいご協力をいただいているのです。ああ、教師をしていてよかった。校長を廃業してよかったと思います』（中略）

　何がこの奇蹟を生んだか。すべて教え子のためにし、わがためには何一つせず、〝超凡破格〟稀有の師魂に対して、若き生命の限りなき呼応がもたらしたものと断言してはばからない。現下の教育界に贈るこれ以上の書があるだろうか。教育史上、不朽の名著といわなければならない」

　徳永先生が全生涯をもって問いかけたものを、松末教授は全生命をもって受け止めようとされました。

四　教育の崩壊から日本を救う道

一波が万波となって広がっていった

『ごぼく』4号の刊行から二か月後の十一月十六日、八代市で「ごぼく刊行記念祝賀会」が開かれました。十六名のごぼく会の会員が出席しましたが、何と八代市教育委員長の池田正先生も参加され、『ごぼく』の予想以上の反響を喜び合いました。その会に出たあと、池田教育委員長は徳永先生にこんな手紙を寄こされました。

「本気者が一人出ると、たちまちそれに共感した人がうなりだします。それがまた次の一人にというように――こうしている間に、波は次第に大きくなって、とうとう全国的な波紋となってしまいました。古来からこういう現象を〝一波万波（いっぱばんぱ）〟といいます。一波わずかに動いて、万波随（したが）う――つまり波が一つ起きると、そこからたくさんの波が続いて起き、広がっていくといいますが、まさにそういった展開になりましたね。

徳永先生がもたらされたものは、日本の教育界への一大警鐘であり、新教育の指針となること疑いなしと思うとき、まことに痛快です。八代出身の坂田文相の出現と期を同じくして、地下水的な徳永先生の出現は、私ももっとも喜びとするところです。教育家の本当の生きがいとして考えると、徳永先生の方が坂田文相よりはるかにご満足ではないでしょうか」

池田教育委員長も言及されたように、『ごぼく』4号は一波万波の広がりを見せ、日本の教育界に一大警鐘を与え、新教育の指針となっていきました。

『ごぼく』4号がついに単行本化される!

『ごぼく』4号はわずか二か月間で売り切れて入手できなくなりそうなので、森先生はこれを入手できない〝幻の書〟にしてしまうわけにはいかないと、浪速社の矢野功社長に単行本にしませんかと働きかけました。矢野社長はその熱意に応えて、昭和四十五年(一九七〇)五月、新たに徳永先生の序文を加えて『教え子みな吾が師なり』(徳永康起編)として刊行しました。森先生はそこに喜びの序文を寄せました。

「そもそも教育という営みは、今さら言うまでもないことながら、その教え子たちが、将来どのような人間になるかに、その最大の祈念は込められねばならぬはずである。

勿論かく言うことは、何も教え子たちが社会的に知名の人間になるか否かによって、その人の教育力を評価するというわけではない。そうではなくて、その教師が蒔いた

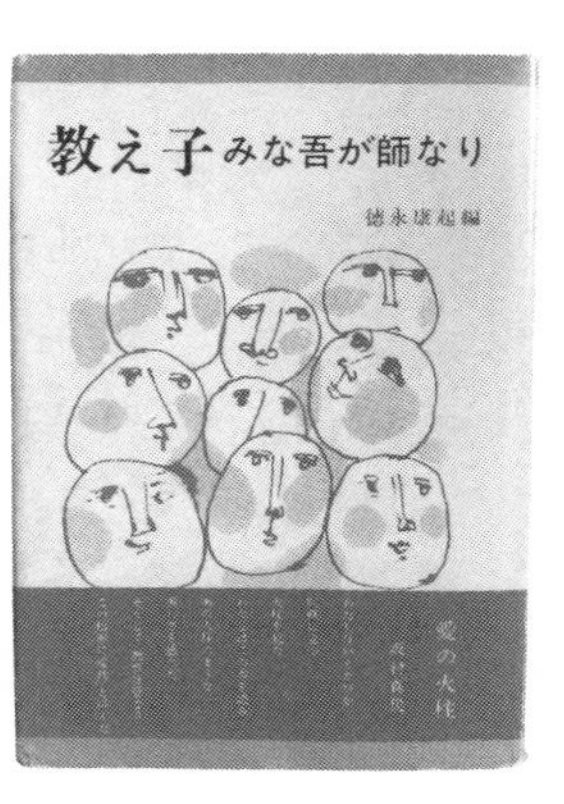

タネが、十五年、二十年後に、それぞれその人間にふさわしい形態で発芽し、開花、結実する点にあるというべきであろう」

そう説き起こして森先生は教育が及ぼす影響力に言及されています。

「かような観点に立つとき、ここに公にせられた徳永康起氏をめぐる教え子たちの手になるこの一連の記録は、まさにかような教育的真理の顕著なる一実証というべく、今日に至るまで、文字通りその比を見ない空前の教育記録といってよいであろう」

徳永先生が担任教師に戻って十五年が経ち、教え子たちは而立（じりつ）（三十歳）の年齢に差しかかってみて、改めて恩師の偉大さに気づきました。この本の特質を見抜いた森先生の眼光が炯々（けいけい）と光ります。森先生の数多い序文の中でも、これは出色の序文です。

「かくしてこの書は、今や戦後二分の一世紀を迎えた今日初めて出現した、真に万人の胸を打ち、その心を揺さぶる〝民族の教育記録〟といってよい。今や民族が当面している〝教育再建〟の方途を照らす真の導光というべきであろう」

一人の教師が精魂を傾けて子どもたちの魂の成長に取り組んだ結果、それが他の教師たちに衝撃を与え、教職というものをもう一度見直そうという動きが始まったのです。校長職を辞し、一担任教師として精魂を傾けてから、『教え子みな吾が師なり』が公刊され、世の認知を受けるまで、十八年の歳月がかかったことになります。その間、よくぞつぶされずに継続できたものです。それは偏に教え子たちとの交流を通して得た喜びが、持続するエネルギーとなったのではと推測されます。

「心慈悲に住す。是師の道」

『教え子みな吾が師なり』が教育者たちに与えた影響は、先生方の感想からうかがい知ることができます。そうした感想の中で特異なのは、坂田道太文部大臣が読後感として届けた「心慈悲に住す。是師の道」という色紙でした。

　八代市から選出されて国会議員になった坂田先生は昭和三十四年（一九五九）第二次岸内閣で厚生大臣を務め、昭和四十三年（一九六八）、学生運動が激化していたころ、文教族の実務家のキャリアを買われ、第二次佐藤内閣で文部大臣に指名されました。荒れに荒れていた大学紛争の中、坂田文部大臣は翌年一月、東大入試を中止するという苦渋の決断をしました。日本の大学の頂点である東大の入試を中止するというショッキングな決定を示すことによって、今日本が直面している問題は一過激派学生の問

坂田道太文部大臣

題ではなく、これまで行われてきた日本の慣行はこれでよかったのかという総反省を強いたのです。東大の安田講堂立て籠もりは戦後教育の崩壊を示す事件でした。そして同年八月、大学紛争の沈静化を図って、大学運営臨時措置法を成立させました。

坂田文部大臣は大学紛争のさ中、担当大臣として生みの苦しみを味わってきただけに、地元八代市の徳永先生の実践記録は坂田文部大臣の心を射ました。『教え子みな吾が師なり』に織りなされている教師と師弟の崇高な絆は、慈悲心を表した師の道の実践によると確信したのです。建前を論じた空理空論ではなく、具体的に実践した事実が欲しいと思っていただけに、徳永先生の具体的な証しに深く感銘を受けられました。

大学紛争さ中の超多忙なときでしたから、感想文を書く余裕はなかったので、思いを、「心慈悲に住す。是（これ）師の道」と表現されたのでしょう。今から五十年前の出来事で関係者は誰もご存命ではないので、確かめる方法がありませんが、坂田文部大臣は色紙の言葉にそんな思いを込められたのではないかと推測します。

あの文言は言外に、教師が知識の切り売りに終始し、人の道を説く〝師〟としての役目を果たさなかった結果、大学紛争として噴出したのだという忸怩（じくじ）たる思いがにじみ出ています。誰を責めるのでもなく、己の不作為を恥じ、再建の決意を謳（うた）っているように感じます。混迷の世を突き破って光ある方向を指し示すのは、教師が慈悲を把持して下坐行に徹する以外にないというのです。まったく同感します。

坂田先生はその後、防衛庁長官として防衛力整備の指針となった「防衛計画の大綱」を策定し、国家の基本を定めました。さらに昭和五十六年（一九八一）、鈴木善幸内閣で法務大臣を任され、次いで第六十四代衆議院議長を務め、国政の取りまとめ役を果たしました。

昭和六十四年（一九八九）、竹下登首相退陣の際、後継総裁に推されましたが、「衆議院議長経験者が首相になるのはよくない」として固辞した話は有名です。これも「筋を通す」肥後もっこすならではの潔（いさぎよ）さでした。

後年、徳永先生は「康起菩薩」と呼ばれますが、坂田大臣は早くもこの時点で、宗教心に裏打ちされた菩薩行こそ徳永先生の本質だと感じたのです。やはりただの政治家ではなく、炯眼（けいがん）の持ち主だといえましょう。

『山びこ学校』の綴り方運動を超えた!

徳永先生が敢えて、校長職という方向を目指さず、子どもたちとの交わりに時間を割きたかったのは、教育が子どもたちの人生にどれほど大きな影響を与えるものかを実証したかったからに他なりません。そのためには形ある結果が出る必要があります。「教え子たちの中から、東大、京大、早稲田、慶応など一流大学に何人合格したか」というのも一つの評価基準ではありますが、生徒たちがいかに建設的な生き方をしているかも評価基準であり得ます。

この少し前のページで、田原先生の奥さまが、「小学校時代、わずか一、二年間担任されたぐらいで、子どもたちがこうも変わるもんやろか。偉い人やな、徳永先生は。こんな人がこの日本におられるんかな」と驚かれたと書きました。卒業後十五年経っても、教師と教え子たちの絆がなおいっそう深まっている事実を示せたら、教師たちの中には子どもたちの魂の感化に生きがいを感ずる人が多くなるに違いありません。その意味で、『教え子みな吾が師なり』は大変な結果を示してくれたのです。徳永先生は教え子たちの手を握って、

「君たちはよく反応してくれた。先生は君たちに心から感謝する」

と、その努力を称えられたに違いありません。それに実践人という同志同行の教師仲間がいたことで、影響が全国に広がっていきました。この教育の実践記録は全国の教育者の間でたいへん評判となり、

「徳永先生の〝いのちが響き合う〟教育は、ひと頃日本の話題をさらった無着成恭(むちゃくせいきょう)先生の『山びこ学校』や国分一太郎先生の『新しい綴方(つづりかた)教室』などの綴り方運動をはるかに凌(しの)ぐものだ」

と、徳永康起の声価を高めました。徳永先生が与えた感化は〝綴り方〟という技術上のことではなく、教え子たちの生き方の根幹に触れるものでしたから、より根源的な成果だったといえます。

第八章

国民教育者の友　森信三先生

一　森信三先生の学問の系譜

広島高等師範で西晋一郎教授に師事

森先生は明治二十九年（一八九六）九月二十三日、愛知県知多郡武豊町に端山家の三男として生まれました。端山家は愛知県知多半島では名を知られた名家です。森先生の祖父端山忠左衛門は明治二十三年（一八九〇）、第一回の帝国議会開設のとき、郷党に推されて代議士となった人です。代議士を降りた後も三十年間、県会議員を務め、議長を四期務めた徳望家でした。

ところがその息子俊太郎（森先生の実父）はいろいろな事業に手を出して失敗し、家産を使い果たしてしまい、日用品を商う小さな商店を経営するだけに落ちぶれてしまいました。さらに信三さんが三歳のとき、父母は離婚して母は実家に帰り、彼は愛知県半田市岩滑町の森家に養子として出されてしまいました。

森家は貧しかったので、半田小学校高等科を卒業すると、上級学校に進ませることはできないので、やむなく学費のかからない名古屋第一師範に入学しました。卒業後、

宇宙の叡智を地にとりつないだ森先生

高等師範に進んでさらに研鑽したかったけれども、学資の目途が立たず、やむなく小学校の教師になりました。そして自ら貯金して学資を貯め、広島高等師範に進学し、生涯の師となる西晋一郎教授に出会いました。

静寂が覆（おお）っている教室で、寡黙な禅僧のような西教授は自分の両親をふり返って、

「親から受けた恩の有無、厚薄（こうはく）は一切問わない。親即恩である」

と説かれました。親の恩が厚かったとか薄かったなどでなく、親から〝いのち〟を授かったという絶対的事実がありがたく、そこから報恩が生ずるのだというのです。しかも産んでくれ、育ててくれた父母に対する〝孝〟は、「ただに人間親子のことに止まらず、いわゆる天地神明に通じる道なのです」と説かれました。恩が宇宙大のことに拡大されていたのです。〝孝〟についてこうした観点からの究明は初めてのことで、深く心に残りました。この考えは森先生の哲学の中核を形成していきました。かくして森先生は西教授のことを次のように評価しています。

「西晋一郎先生――この人こそ、私が生をこ

の世に享けてよりこの方、直接目の当たりに接し得た日本人のうち、おそらく〝最高にして最深なる人格〟ではないかと思う。

同時にまた、今後の私の残生においても、おそらくはめぐり逢うことのできない無比深邃なる人格だと思う。少なくともあのような生の存在形態を日本人の中に見い出すことは、おそらくは今後絶対に不可能といってよいであろう」

森先生は西先生に啓発されて、「私たちは生を神仏から賜っている」と理解するようになりました。そこから森先生の大変な炯眼というべき、「私たちはみな神仏から封書をいただいているのだ」という自覚が生まれてきます。人生は神と自分との合作以外の何物でもありません。こうして世に際立った「全一学」――森哲学の真髄が形成されていきました。

京都大学で西田幾多郎教授の講筵に侍る

その後、京都大学哲学科に進学し、西田幾多郎教授の講筵に八年間侍りました。西田教室では成績優秀だったから、本来なら西田教授の後継者として指名されて大学に残ってもおかしくありませんでした。しかし、後継者に選ばれるにはあまりにもお粗末な経歴でした。

前述したように、旧制中学、一高や三高などのエリートコースを経て京大に進んでいるのではなく、師範を卒業後、小学校に勤務し、その後、ようやく広島高師に入ったという経緯です。傍流もいいところで、年齢も相当に食っていました。

学力的には光るものがあるかもしれないが、京大哲学科の看板を背負って立つには見劣りがすると思われたのでしょう、大学アカデミズムの出世コースから外れました。これまでもそういう悲哀は幾たびも味わっており、受け入れざるを得ませんでした。

そんなとき読んだ二宮尊徳の『二宮翁夜話』にいたく衝撃を受けました。尊徳はその開巻劈頭(へきとう)で、こう断定していました。

「予(よ)が歌に、『音もなく香もなく常に雨土は書かざる経を繰り返しつつ』と読めり。かかる天地の経文を外にして、書籍の上に道を求むる学者輩(ばら)の論説は取らざるなり」

これが森先生の中に尾骶骨(びていこつ)のように残っていた大学アカデミズムへの未練を完全に打ち砕き、「現実のただ中に立つ」ことを選ばせました。苦悩の末の断念でした。すなわち大学という象牙の塔から出でて、天王寺師範という教師を養成する「教育の現場」に立ったのです。

天王寺師範の教諭というのは、普通なら京大大学院を出た優秀な学生がつくポストではありません。しかし森先生は「教育の現場」に立つことを余儀なくされました。

ある意味で大学アカデミズムから離れたこの期間は、〝不遇時代〟といってもおかしくありません。しかしその時代に学生たちに真剣に向き合って授業をし、後世に輝く名著『修身教授録』ができあがりました。これは教職者の間で話題となり、多くの教師の指針となりました。

洋の東西を超えて――伊藤証信師との出会い

明治から昭和にかけて「無我愛」を提唱し、多くの人々を感化した哲学者に伊藤証信（しょうしん）師がいます。仏教に限らずキリスト教、西洋哲学など幅広い研究と思索を続けた野の賢人です。

伊藤証信師は真宗大学（現大谷大学）で宗教哲学者の清沢満之（まんし）に学びましたが、明治三十七年（一九〇四）、父親の看病のため久米村に帰ったとき、その枕辺で突然霊感に打たれ、「無我の愛」を唱えるようになりました。

明治三十八年（一九〇五）、証信師は東京巣鴨（すがも）村大日堂に無我苑を開き、修養運動を始めました。その感化は徳冨蘆花（ろか）、幸徳秋水、堺利彦（としひこ）、綱島梁川（つなじまりょうせん）に及び、河上肇（はじめ）は学習院の教職を辞して無我苑に入苑したほどです。

しかし証信師は、突然無我苑を閉鎖してしまいました。無我苑が急速に発展し、宗教団体化していくのを嫌って、自分自身の「修行未熟」を理由に閉鎖したのです。これは多少のことは頬かむりしてごまかしてしまう世の中とは違う清廉潔癖な行いでした。

そんな証信師を高く評価し、森先生はこの証信に三十代後半から五年半、週三日間、仏教を学び、代わりにドイツ哲学、とくにゴットフリート・ライプニッツ（一六四六～一七一六）の哲学を講義しました。

ライプニッツはデカルト、スピノザなど近世の大陸合理主義を代表する哲学者で、予定調和説に立っています。予定調和説とは「世界には偶然のものは何も存在せず、すべてはあらかじめ組み込まれたものによって、必然的に生起する」という世界観です。

ドイツはライプニッツ以前にもヤコブ・ベーメとか、マルチン・ルターという偉大な思想家を生んでいますが、体系的な哲学を展開したのはライプニッツが初めてで、「ドイツ哲学の父」と呼ばれています。

森先生が講義のテーマをライプニッツにしたのは、ライプニッツを通して西洋哲学史を俯瞰しようと意図されたに違いありません。伊藤証信師に講義しながら、「わが身に降りかかることはすべて神の思し召しだ」とする〝最善観〟を深めていかれたように思います。その意味でこの五年半は、伊藤証信師に仏教哲学を学び、一方、森先生はライプニッツを講義しながら、〝最善観〟という宇宙観を熟成していたと言っても過言ではないでしょう。

こうして次第に森先生の人間観、宇宙観が定まっていきました。

「われわれ一人びとりの生命は、絶大なる宇宙生命の極微の一分身といってよい。したがって自己をかくあらしめる大宇宙意志によって課せられた、この地上的使命を果たすところに、人生の新意義はある」

哲学者というより、もはや宗教家の領域に入っていました。

二 『修身教授録』が出版される

『修身教授録』が生まれた背景

哲学者としての森先生には『恩の形而上学(けいじじょうがく)』『学問方法論』『隠者の幻』などの著作がありますが、一般啓蒙書としては、何と言っても『修身教授録』(五巻。斯道会。

同志同行社。戦後、致知出版社）でしょう。この本の一巻から三巻は大阪府立天王寺師範学校での「修身」の授業内容、四巻と五巻は大阪女子師範学校での授業内容です。

受講生は教師志願の学生だったので、「教育者とはどうあるべきか」「人としてどうあるべきか」あるいは「人生はどう生きるべきか」という人生の根本問題に対するご自身の考えを、歴史上の偉人やご自身の経験などを踏まえて展開されました。

講義は全部で七十九回行なわれ、第一講、第二講というふうに、実際の授業の進行に従って章分けがされています。講義の時期は昭和十二年（一九三七）から二年間にわたって行ったものです。

森先生は修身や倫理学には一家言あったから、有り体に言えば、文部省が指定する修身の教科書を無視し、自分の哲学に従って授業を進められました。だから文部省の視学官からどういう授業をやったか問いただされたとき、申し開きができるよう授業内容を生徒に速記させ、それを公刊したものです。

これが全国的に有名な国語教育の推進者である芦田恵之助（えのすけ）先生に高く評価され、各学校での講演先で強く推薦されたこともあって、特に教職者に読まれ、『修身教授録』は五巻、十万セットが出ました。この本を出版した同志同行社は芦田先生が経営している出版社です。

この戦前のベストセラーを致知出版社が平成元年（一九八九）に再版しました。自動車用品の卸売りで、同名の量販店を展開しているイエローハットの創業者・鍵山秀三郎さんは『修身教授録』の推薦の言葉をこう述べています。

「自分たちの組織が直面している問題はただの困難であるに過ぎないのに、不可能と思い込んでいる人たちに、改革は可能だと確信し、改革への道を拓いてくれる知恵の宝庫です」

人間が運営している会社や組織はいつしか滞ってしまうものですが、そこを乗り越えてこそ、再び活力を得て成長していけます。その方策と活力を与えてくれるのが『修身教授録』だというのです。

致知出版社がこの本を再版するとき、私も推薦を求められたので、こう述べました。

「人間はひとたび気づき、深い悔悟に至るとき、そこから底知れない光を放つことになるものです。また、師を持ち、友を持つとき、それら師友に啓発されて、一回しかない人生を最高度に生き切ることができます。『修身教授録』は私たちをそういう知恵を与えてくれ、方向付けしてくれる貴重な本です」

戦前の書名のままの生硬な書名ですが、内容が素晴らしいので、以来版を重ね、現在まで実に約五十四回も版を重ね、十五万五千部となりました。

満州の建国大学教授に就任

「光るナイフは捨ておかれることはない」

といいますが、森先生は不死鳥のように羽ばたきはじめたのです。それもあって四十四歳のとき、広島高等師範の恩師西晋一郎教授から満州（中国東北部）の建国大学教授に推薦されました。しかしその話に森先生は乗り気ではなく、西教授を訪ね、

「私はわが国の教育界に骨を埋める覚悟です」

と断りました。ところが西教授はそれに対してひと言も発しないまま、無言で対座されました。その間、二、三十分。それが何と長かったことか。ついに森先生が折れて招聘（しょうへい）を承諾しました。


　森先生にとって満州での生活は、中国、朝鮮、ソ連（ロシア）を日常の皮膚感覚で知ることができて大収穫でした。現実重視を自分の学問の原点に据えていたので、国際情勢の解釈はただのきれいごとの理解に終わることなく、直視できました。

　そうした中で、学生たちに対する森先生の講義はますますシャープになっていきました。それは普通の学者には見られないもので、ある意味で学生たちに覚悟を迫りました。

「そもそも人間が志を立てるということは、いわばローソクに火を点ずるようなものです。ローソクは火を点けられて初めて光を放つものです。同様にまた人間は、志を立てて初めてその真価が現れるものです。

志を立てない人間というものは、いかに才能ある人でも、結局は酔生夢死の徒に過ぎないのです。その人の足跡はよたよたして跡形もなく消えていくと言わざるを得ません」

満州は動乱の地であるだけに、森先生の講義にも緊張感がみなぎっていました。満州という新天地は森先生に活躍の場を提供したものの、六年目の五十歳で敗戦の憂き目に遭いました。しかも敗戦という現実は、満州人、中国人、朝鮮人、ロシア人（ソ連人）の赤裸々な対日感情を露呈し、森先生の思索はいっそう地に足がついたものになりました。

敗戦のどん底で

森先生は大学があった新京を脱出し、奉天を目指しました。しかし満州の冬は厳しく、零下二十度まで下がります。一日一食、それも粟粥（あわがゆ）をすすっての逃避行だったので、農家の廃屋であやうく凍餓死しかかりました。しかし、同行していた学生を死の道連れにするには忍びないと立ち上がって南を目指し、九死に一生を得て、遼東（りょうとう）半島の西に広がる遼東湾の付け根にある葫蘆（ころ）島にようやくたどり着きました。ここが日本に向けて引揚船が出港する港です。

ここで順番が来るまで待たされ、翌昭和二十一年（一九四六）六月、引揚船に乗りました。引揚船が舞鶴港に近づき、日本の山河を遥かに望んだとき、森先生は新たな「心願」を抱きました。

学者にあらず、
宗教家にあらず
はたまた、
教育者にあらず
ただ宿縁に導かれて
国民教育者の友として
この世の「生」を終えむ

それは森先生の中に、満州で直面した現実を通して、今次の敗戦は日本人の精神の未熟さが引き起こしたのだという慚愧の念があったからです。覚悟ほど人間が持てる力を発揮させるものはありません。覚悟がなければ、人生は不発に終わります。覚悟こそは銃の引き金に相当する決定的な要素です。

しかもこの「心願」に森先生は「国民教育者の師」とはせず、「国民教育者の友」と書きました。小中学校の教師やその保護者たちに「友」として交わり、新しい国のあり方を明らかにしていこうというのです。

塗炭の苦しみを経て引き揚げてきた森先生に寺田常務が、「もし、満州に行かなかったら……と、後悔しませんでしたか」と問うと、即座に否定されました。

「何を言いますか。これっぽっちも思ったことはありません」

その声の凛とした響きから、森先生はすでに、

「わが身に起こる絶対不可避なること、絶対必然にして、絶対最善の真理なり」

という天の絶対的理法を確信されていたのだと思いました。

森先生は「信」についても揺るぐことのない信念をお持ちでした。

「信とは『御意のままに』ということです。信とは人生のいかなる逆境をも、神仏からわがために贈られたものとして回避しない『生』の根本的態度をいう」

だからこそ挫けそうになる気持ちを奮い立たせて、幾多の壁を乗り越えてこられた

のです。

戦後、出版事業でスタート

昭和二十二年（一九四七）、「国民教育者の友」たらんと決意した森先生は、それを幾種類かの月刊雑誌を刊行して遂行しようと考えました。一人雑誌『開顕』は同志向けに出し、一般には『親と子』『子供の科学』及び『国と共に歩むもの』を出版しました。

森先生が主宰する雑誌ということもあって、売れ行きは好調で、超多忙になりました。そこで森先生は実家（端山（はしやま）家）に婿として入り、小学校の教員を務めていた端山護（まもる）さんに学校を辞めて出版事業を手伝ってくれないかと声をかけました。かねがね森先生に師事し、その読書会の常連でもあった端山さんは、超多忙な森先生を見捨てるわけにはいかないのでお受けして、昭和二十三年（一九四八）八月、支配人として開顕社に入社しました。教師を退職するにあたってはあちこちに不義理をしなければいけなかったようです。

事業は好調だったので、新たに中学生向けの英語のウイークリー雑誌『フレンドウイークリー』もスタートし、五人の社員でフル回転し、単行本も出しました。ところが『子供の科学』の委託販売をしていた明和書院との間に不協和音が出るようになりました。やむを得ず、開顕社も新たに『少年科学』を発行して対抗しましたが、泥沼の戦いになってしまい、経理的におかしくなってしまいました。

開顕社が行き詰まり、すべてが暗転していく！

その間、開顕社に何があったのか調べているうちに、私は端山護さんの自伝『凡骨伝』（自費出版）を読んで唖然としました。序文を森先生が書いていらっしゃるのですが、そこに書かれていたのは、かつて読んだことがないほどの悲痛な文章でした。引用します。

「人間の生き方に対して至大の関心を抱く私ではあるが、端山君のこの『凡骨伝』に対して序文を書くのは真に辛いことであった。それは端的にいえば、私の〝生〟の最深部に触れる深刻極まりない人間記録だからである。それゆえ端山君からその依頼を受けたとき、私にはあたかも死の宣告を受けたかのごとき心の痛みを覚えたほどである」

石が坂道を転がり始めたら、とことんまで転がり落ちるしかありません。こうして開顕社は給料を遅配するようになり、昭和二十六年（一九五一）四月、端山さんも辞めざるを得なくなりました。とはいえ、今さら教職に復帰することはできません。いくつか職を変わったものの、どれもうまくいかず、困窮のどん底に落とされました。電気代が払えないので、電気を止められ、ろうそくの灯の下で、ほそぼそと食事を摂るありさまです。食べる米も尽き果て、うどんを食べて飢えをしのぎました。

森先生が書かれた序文でも、悲痛な告白が続きます。

「私は端山君の生涯の運命を地獄の底に陥（おとしい）れたのみか、君の最愛の四人のお子さん方に対しても、それぞれその一生を狂わせてしまった大罪を犯した身だからだ。随（したが）ってこの書に序文を書くなどということは、毛頭その資格がないばかりか、この書を披閲（ひえつ）することさえ、私にとっては、まるで神の断罪の宣告を受けるにも等しい痛苦なのである」

そんな経済状態だったので、端山さんの息子さんたちは進路を変更せざるを得なくなり、長男は高校を中退して自衛隊に入り、次男は中学を卒業すると酒屋の小僧として住み込むなど、それぞれ苦汁をなめました。

森先生は『凡骨伝』の最初の一行から末尾の一行まで克明に読んでみて、端山さんが紆余曲折を経た末に、愛憎を超えて清明な境地に至っているのを知り、思わずひれ伏さざるを得ないほどに感動しました。

「もし端山君が普通の人だったら、君との仲は永久に決裂したのみか、私は君にとって、終生憎悪怨恨の最大の対象となったことだろう。それは百人が百人、千人が千人、否、たとえ万人といえども、そこに例外があろうとは思われない」

端山さんは人生最深のどん底にありながらも自暴自棄にならず、学習塾経営が当たって活路が開け、再び実践人の人々と交流を持つようになったのでした。

倒産！ 死に場所を求めて彷徨

森先生自身は開顕社の倒産によって、現在の貨幣価値に換算して数億円という借金を背負い込んでしまいました。借金返済のために家屋敷を手放し、債権者に追い回され、自殺を考えるほどに追い詰められました。死に場所を求めて、あるときは山陰本線の余部(あまるべ)鉄橋をさ迷い、あるときは別府航路のフェリーから瀬戸内海に身投げしようとし、あるときは深山の樹海を彷徨(ほうこう)し、行き倒れて死のうとしましたが、どうしても死ぬことができません。

「ここまでやって死ねないということは、生きて何がしかの使命を成就せよということか！」

とうとう死ぬことを断念しました。その苦悩の果てに至った結論が、「思い止まるほかなし。これ天意なり」でした。そしてこう確信しました。

「われわれ一人びとりの生命は、絶大なる宇宙生命の極微の一分身といってよい。随って自己をかくあらしめる大宇宙意志によって課せられた、この地上的使命を果たすところに、人生の真の意義がある」

死に場所を求めて彷徨していた人が、コペルニクス的転回を経て、「大宇宙意志によって課せられた地上的使命を果たすのが、個々に課せられた人生の役割だ」と目覚めたのです。大逆転が起こりました。森先生の文章が単なる学者の論文とは違うのは、天的覚醒を経ているからだと言えましょう。

三　真理は現実のただ中にあり！

逆境は神の恩寵的試練である！

そこを乗り越えると不思議に道が開け、昭和二十六年（一九五二）、県立篠山農業大学に英語科教師として勤務、さらに昭和二十八年（一九五三）五十七歳、神戸大学教育学部教授に就任し、教育者の卵たちを育成しました。

森先生が教育哲学者として熟成させてきたものが、教師志望の学生を育成するなかで、花開いてきたのです。実践人の特長は夏冬二回の研修会にあります。その第一回が篠山農大に勤務して二年目から始まりました。

端山さんも学習塾運営という新しい試みが成功し、窮地を脱することができ、数年を経て、再び実践人の家の事務局長に復帰しました。

昭和四十七年（一九七二）、森先生が七十六歳のとき長男惟彦（これひこ）さんが自死され、絶望のどん底に突き落とされました。天はまだ森先生を解放しなかったのです。息子さんの死は森先生の思想をいっそう深化させました。開顕社が破綻したときも大変でしたが、長男の死はいっそう身に堪えました。それでもこの悲しみを、

「逆境は神の恩寵（おんちょう）的試練である」

と受け取ったのです。そして次のように確信されました。

「〝信〟とは、人生のいかなる逆境をも、神仏からわれに与えられたものとして回避しない〝生〟の根本態度をいう」

それは口先でものを言いがちな学者とはまるで違っていました。さまざまな苦難を経た末に、時の権力や時流におもねることなく、

「誰知らない山奥の谷間に湧きだす清らかな地下水のように、さりげなく世を潤す清水でありたい」

と念願し、尼崎市立花町の撤去寸前の家屋で、隠者のような自炊生活を始められました。

私はつらつら考えました――森信三とは一体どういう人物であるのか。

森先生は神戸大学の教授ではあるけれども、いつも新聞雑誌に意見を披歴している有名な知識人ではありません。マスコミ受けする言論人は、東大、京大、早稲田、慶應など、いわゆる名門大学にたくさんおられます。背が高いわけでも、存在感のある体格の人でもなく、ベレー帽を被り、茅(かや)製の背負子を背負い、ひょこひょこと歩いて、自分でどこにでも行くような気さくな面もあります。

論文も、ハーバード大学の誰それ教授やオックスフォード大学の誰それ教授がこう述べておられるなどと引用して自分を権威付けするのではなく、自分の直感を信じて論を振るいます。

それが余りにも的を射ており、説得力があるので、人々が耳を傾けるようになりました。実践人という、初めは教師たちの親睦団体だったものが、次第にその枠組みを超えて、経営者やジャーナリスト、作家まで、広く集うようになったのは、森信三という人の普遍性にあるのではないだろうか。いや、森信三という存在そのものが現代の奇跡なのではないでしょうか。

人間は案外脆弱なもので、過信してはならない

そのころ、中学校教師の無着成恭（むちゃくせいきょう）先生が書いた『山びこ学校――山形県山元村中学校生徒の生活記録』（青銅社）が初めの二年間で爆発的に十二万部も売れました。無着先生はアメリカ流の自由主義教育を唱え、いわゆる「綴り方運動」を起こしました。これがさらに映画化され、舞台化もされて、一躍スポットライトが当たり、ジャーナリズムの脚光を浴びました。その後、無着先生は上京し、さる有名な私立学園の教頭となり、テレビでももてはやされました。

森先生は無着先生が早々に山村の教育現場を離れて上京し、ジャーナリズムの寵児になったことに対し、ある種の危惧を抱いておられました。その危惧は当たり、教師としての輝きはいつしか消えてゆきました。

「マスコミの寵児となると、人間は足を踏み外しかねない。それほど強い存在ではないから。それよりも隠者的生活を貫いて、現場で初志を貫いたほうがいい――」

森先生の危惧の背景には、人間性の脆弱さへの洞察があったように思います。

森先生は九十歳を過ぎて、端山事務局長にこう漏らされたことがあります。

「世の称讃を浴びたいという思いは、九十歳を過ぎてもなお根強く残っています。悲しいことに晩節を汚す人がありますが、それは世の称讃を浴びたいという思いが残滓（ざんし）のように残っているからです」

自分に対して、どこまでも厳しい人でした。

徳永先生は隠者の生活に徹する森先生の覚悟を知れば知るほど、「師はこれほど自分に厳しいのか！」と、身震いするほどの緊張を覚え、「私も及ばずながら、魂の教育者になろう」と再度決意を新たにしました。だからこそ先師に、

「あまたの師おわして、わが生に厳しさを与えたもう。あまたの教え子ありて、わが生の浅さを諭（さと）したもう」

と、感謝したのです。森先生は、「わが生に厳しさを与え抜き身の白刃をぶら下げて歩いている」行者でした。師によって導かれ、さらに教え子たちによって磨かれる――人生はまさに生きた道場で、感謝の何物でもありませんでした。

われ、隠者たらん！

森先生は晩年になればなるほど、隠遁の生活を希求しました。森先生が昭和四十三年（一九六八）に著（あらわ）した『隠者の幻』は一途な魂が希求する教養小説ですが、これは何の定収入もないのに求道一筋に生き、日本社会に隠然たる衝撃を与えて、静かに他界した奥邃（おうすい）新井常之進（つねのしん）をモデルとした小説です。

幕末期の弘化三年（一八四六）五月生まれの仙台藩士・新井常之進は明治維新へとつながった戊辰（ぼしん）戦争が終わったあと、明治四年（一八七一）に渡米し、ニューヨーク州北西部にあるエリー湖畔で、スウェーデンの神秘思想家インマニュエル・スウェーデンボルグの感化を受けた共同体・新生同胞教団で二十八年間過ごしました。

新井は五十三歳で帰国したとき、奥邃と雅号で名乗っており、内村鑑三の『聖書之研究』などによって「有神無我」を唱えて評論活動をしました。そして自分のことを「キリストの奴隷となった人間」と言い、清貧の生活をひょうひょうと楽しんでいました。その静かな隠遁（いんとん）生活が森先生を魅了したのです。

新井奥邃が雅号に使った〝邃〟は、「奥深い」とか「学問や道理に詳しい」という意味があります。名前には親の価値観が表明されていますが、雅号は本人が自分の人生観によって付けるものです。滅多に用いられることのない「邃」は、「奥深い穴」という意味があり、世渡り上手などというレベルをはるかに超えている含蓄のある文字です。

森先生は「奥邃」という雅号を見たとき、新井がどれほどの人生観、宇宙観に到達しているのか、唸られたに違いありません。だからこそ彼をモデルとして小説を書いたのです。

森先生には『幻の講話』と題した本もあります。これは『修身教授録』の姉妹編ともいえる本で、ここにも書名に〝幻〟が使われています。

先生が実践人の門弟たちに、出世コースの頂点である校長職を目指すのではなく、真に子どもたちの魂の成長に寄与できる第一線の教師であり続けてほしいと説かれたのは、新井奥邃が念頭にあったからではなかろうかと思います。

日本や人類の現今悲劇は、これら地位、名誉欲から自由になった人々から意見を得られないことにあります。「隠者」とはそうした欲望から解放され、虚心坦懐に国の行く末を指し示すことができる人です。

森先生が中央の一見華やかなアカデミズムを避け、尼崎市立花町の茅屋（ぼうおく）で、独居自炊生活をしながら、八十歳にして『全一学』五部作を書き始められたのは、一隠者として生き、世の木鐸（ぼくたく）であろうとされたからではなかろうかと思います。

人は一切の名誉栄達を捨て、真に隠者として生き始めたとき、霊感が冴えわたるようになります。その叡智が古今東西の真理に通暁するようになるのです。人々が森先生に魅せられるようになったのは、森先生が隠者の生活を営むようになり、〝隠者の叡智〟を語られるようになったからだと思われます。

森先生は『森信三全集』二十五巻、『全一学』五巻、『続全集』八巻を編纂（へんさん）し、それらに隠者からの提言を書き残されました。

四　実践人の研修会の魅力

高田保馬京大教授が語る心の余裕

実践人の集まりの一つは夏冬に行われる二泊三日の研修会です。森先生の人脈から講師にさまざまな人が呼ばれて、この三日間をリードします。教師の研修団体というと、児童、生徒を放り出して、政治運動に走っている日本教職員組合（日教組）という赤い労働団体がありますが、実践人の家は児童・生徒の能力をいかに引き出すかなので、政治的イデオロギーに毒されていません。

人気のあった講師の一人は京都大学、大阪大学の文学と経済学の教授で、民族研究所の初代所長を務めた高田保馬（やすま）教授です。

比叡山で研修会が催されたとき、高田教授はすでに八十路を超えた著名な学者でありながら、野辺に無心に咲く一輪の花を愛でる心の余裕は満堂の人を唸らせました。

小さきは小さきままに花咲きぬ
野辺の小草の安けさを見よ

やはりこの心の余裕がなければ、人生の荒波にあたふたしてしまいます。

その高田教授の余裕ある態度に大いに学ぶところがあったので、徳永先生は県立高校に不合格になって泣いていた女子生徒の肩に手を置いて語りかけました。

「オイ、頭を上げてごらん。

どうだ、あの空の広さ、澄んでいる美しさ。

しばらくいっしょに見ようや」

そう言ってしばらく大空を眺めていました。
その子はその後、私立高校に入学し、精一杯努力して、三年後、県立高校からは誰も合格しなかった大学に合格しました。余裕や安らぎがあれば、どんな荒波も乗り越えていけるものです。

多士済々の人士が研鑽する場

森先生を慕う教師たちは先生が昭和五十年（一九七五）に組織された「実践人」に集い、地に足がついた教育実践に邁進しました。毎年夏冬には二泊三日の全国研修会が持たれ、研鑽と交流の場が持たれました。徳永先生は実践人の研修会には十一回ほど参加されています。

当初は教師たちの研鑽の場でしたが、評判が高くなるにつれ、経営者も参加するようになりました。この研修会の第二部は豪放磊落な徳永先生が仕切り、初めての参加者も巧みに紹介して懇談会に巻き込み、とても評判が良かったようです。

実践人の研修会はメインの講師の森先生も魅力的ですが、それと同じように集ってくる先生たちもまた魅力的でした。尼崎市の小学校の教頭をされていた上村秀男先生は水堂須佐男神社の神主でもあり、芦田恵之助先生の弟子でもありました。実践人が尼崎市立花を本拠地にするようになったのも上村先生のご縁からで、徳永先生は一目も二目も置いていました。その上村先生が口癖のように、

「己(おのれ)に勝つということ――世にこれほど壮絶なる闘いはない」

と言われていました。実践人の研修会に行くのはこうした方々との交わりがあったからでもありました。この言葉の横に、徳永先生のコメントが書き添えられています。

「この一語は盤石の重みがある。花を咲かせよう。花の大小は論ずるに足らず。私は私なりに、人の目につかぬ小さな喜びの花を咲かせよう。私は学力の優劣で人のお子さまを見ようとは思わない。一心不乱にその子の花を見つけだそうと思う」

まさに多士済々の人物が集まる研修会でした。

天から賜っている封書

徳永先生の教育は森先生との出会いによって芯が入りました。しかしながら森先生は尼崎市に在住しておられ、徳永先生は熊本県なので、そうそうお会いすることもできません。それだけに実践人夏季研修会や冬季研修会は森先生から教えをいただけるありがたい機会でした。最初の参加が、昭和二十九年（一九五四）八月、四十三歳のとき、上甲子園で催された夏季研修会で、それ以来、毎年のように参加するようにな

りました。そこでいただいた森先生の講演はまさに〝頂門（ちょうもん）の一針〟でした。

「みなそれぞれ〝天から封書〟を授かっているのですが、一生開かずに終わる人もあります。われわれ人間は大宇宙の意志によってこの世に生み出され、派遣されたものといってよい。いわば神さまから賜（たまわ）っている〝いのち〟です。われわれ人間の、この世における第一の任務は、何ゆえ自分はこの地上に出現せしめられたのかを明らかにすることです」

私は、宗教は宇宙の本質を解き明かしていると思うのでとても尊重していますが、中には神とかを持ちだすと、やれ宗教だ、何だとうるさく毛嫌いする人もあります。森先生はこの問題をこう論じてさらりと乗り越えました。

「神について何もぎこちない論証をする必要はありません。私たちが眠っている間の呼吸や血液循環一つを取ってみても、五臓六腑の働き一つを取ってみても、無限絶大な根本力というほかありません。結局かかる絶大な〝力〟によって支えられているのです。

私たちは〝大いなるもの〟に生かされているのです。感謝報恩の行として私たちの人生があり、報恩は具体的には今自分の目の前にいる人たちに尽くすことです」

そうした指摘が徳永先生の「教え子たちに尽くす」という考え方を強化していきま

した。森先生はいつも急所を押さえてピシッと語られました。

「『心願』とは、人がその心の内奥深く秘めている最深の『願い』であり、『如何（いか）なる方向に向かって、この自己を捧げるべきか』と思い悩んだあげくの果て、ついに自己献身の方向をつかんだ人の心的状態といってよい」

それは徳永先生の心の中で醸成され、先生の教育の中核となりました。

「複写ハガキ」を活用

話は前後しますが、昭和四十一年（一九六六）、徳永先生は森信三先生から「複写ハガキ」を書くように勧められました。複写ハガキとはカーボン紙を使って複写式でハガキを書くことで、書いた内容が手元に残る仕組みになっており、一冊五十部がひと綴りになっています。徳永先生は、私の書いたハガキなど残しても仕方ありませんよと従いませんでしたが、森先生はきつく言われました。

「自分が書いたハガキが残ることになるとしたら、あだやおろそかには書けなくなり、真剣に書くようになります。だからこそあなたの一筆をもらった人や後進の者たちが奮い立つのです。そういうハガキを書きなさい。複写ハガキを書くようになると、内容がピリッと引き締まります」

記録として残すためではなく、書く内容を向上させるためだといわれます。これはうかつでした。そこで書き始めましたが、夜は校務や父兄の相談や添削があって、なかなか書く時間がありません。そこで十時には就寝して、早朝三時に起きて書くことにしました。宛名は必ず筆で書きました。

社会の荒波にもまれてアップアップしている教え子たちにとって、自分を見守ってくださっている先生があることほど励ましになることはありません。あるいは仕事が合わずに迷っているとき、上司に理解されずに気落ちしたとき、恋人とうまくいかずに悩んでいるとき、恩師から便りがくれば、気分が晴れ、気持ちが切り替わります。徳永先生はその役を果たしてくれたのです。

こうして徳永先生は教え子たちとの〝いのちのパイプ役〟になっていきました。複写ハガキを書くことが登校前の日課になり、十三年間で約四百六十冊、合計二万三千余通に達しました。

「私は目が覚めたときが、神さまが起こしてくださったときだと思っています。だから仮に二時に目が覚めたら、一時間もうかったと思い、ハガキを書いて一日の活動を始めます」

二万三千通ものハガキを出して人々と交流してみて、徳永先生はつくづく、

「人と結ばれる最大の武器はハガキです」

と思いました。ある人との出会いを感謝してお礼のハガキを出し、それがご縁となって深い付き合いが始まっていく。そういう出会いと結びつきがそれまでどれほどあったことか――だからハガキは人と結ばれる最大のツールですと強調するのです。

毎日分厚いハガキの束を配達する郵便局員が、

「これだけの人に返事を出すだけでも大変でしょう」

とねぎらうと、

「いえいえ、これらのハガキを配達してくださっているからとても助かります。これを自分で配って回ったら大変な時間と交通費がかかりますからね」

と逆にねぎらわれて、恐縮されました。現在では全国各地で「ハガキ祭り」が行われるようになり、複写ハガキの「元祖」と呼ばれるようになりました。

徳永先生亡き後、ハガキ道の伝道者・坂田道信さんをはじめ広島読書会の方々によって、徳永先生を偲ぶ会として「広島ハガキ祭り」が四十年近くも継続されています。これも森先生が、「教育もハガキを書くことも、いのちの響き合いです」と、背後からバックアップされていたからです。

このころの森先生は背中には茅（かや）で編んだ背負子（しょいこ）を背負って、どこでも訪ねていかれました。この背負子は今どき田舎でも見かけない骨董品的代物ですが、それが不思議と森先生の雰囲気に合っていて、トレードマークになっていました。それ以前はイ草で編んだ肩掛けを使用しておられ、各地の読書会に行くとき、その背負子や肩掛けにいっぱい書物を詰め込まれるので、その重みで体が傾(かし)いだまま、さっさと歩いていました。

五　坂村真民さんを励まして

真民さんの詩集を古本屋で見つけた森先生

徳永先生は授業の資料として、プリントを配り、優れた人々の言葉を紹介しました。その一つが坂村真民(しんみん)さんの詩でした。一つや二つの詩では間に合わず、真民さんの詩を二十、三十と選び出し、それに『詩集　念ずれば花ひらく』だとか、あるいは『根源』などの題を付け、みんなで読みました。そしてさりげなく、黒板の隅に真民さんの住所を書いておきました。

するとそれを目ざとく見つけた生徒たちが真民さんに手紙を書きます。するとすぐさま返事が返ってくるので、休み時間にそれを見せ合い、「いいな、私も真民先生から返事をもらいたい」と思った子どもたちがまた手紙を出します。そんなこんなで徳永学級はまるで真民学級のようになりました。このように子どもたちの感性の育成に真民さんの詩は大きな役割を果たしました。

しかし、真民さんが最初からモテモテの詩人だったかというとそうではありません。

昭和三十一年（一九五六）のある日、森先生はいつものように古本屋に立ち寄って、本を物色していました。すると本と本の間に薄い小冊子が挟まっていました。書名は『ペルソナ』（仮面）、著者は聞いたこともない坂村真民。愛媛県宇和島（うわじま）市の高校の教師だそうです。

ふーんと思って買って帰り、やおら読み始めました。しかしそのまま引き込まれ、その詩人の志操の高さに唸ってしまいました。「すべては光る」と題した詩はこう表現されていました。

光る

光る

すべては光る
光らないものは
ひとつとしてない
みずから
光らないものは
他から
光を受けて
光る

さらには「タンポポ魂」と題した詩も載っていました。

踏みにじられても
食いちぎられても
死にもしない
枯れもしない
その根強さ
そしてつねに
太陽に向かって咲く
その明るさ
わたしはそれを
わたしの魂とする

森先生は新たな詩人に出会った喜びを感じて、早速短歌を詠(よ)んで送りました。

浄らけき深き巨きさ言の葉のすべては空し斯の人の前に
深山に湛えしずもる隠り沼のごとくも君の生きつつぞをり
民族に一人の君のあることをこころ頼みに念う夜半もあり

その当時、四十七歳になる真民さんは病を得て高校を休職し、床に伏していました。病気のとき人は気弱になり、将来を悲観しがちです。ところが病床に届いた森先生の手紙は、自分の詩を高く評価し、励ましていました。しかも森先生は普通の読者ではなく、高名な大学教授であり、哲学者です。そんな人が、「あなたは深山に静もっている隠れ沼のように、息づいている詩人です」と書いています。大いに励まされました。それ以来、十三歳離れた森先生と真民さんの間で手紙が往復するようになりました。

自分の人生をかけて仕上げるべきもの

同じ高校の校長が真民さんに、「君はなぜ、校長を目指さないのかね？」と訊きました。真民さんははっきりと志を述べました。

「私は詩を書くことに専念したいのです。校長になればいろいろな雑務に巻き込まれ、詩人としての時間が取りにくくなります」

そうはっきりと断られると、それ以上誘うことはできません。教師仲間には変わった人と思われていました。

そんなある日の昭和三十四年（一九五九）、森先生が宇和島市で行われた教育講演会に呼ばれてこられました。五十歳になる真民さんも講演を聴きに行きました。そして改めて自分に課せられた詩は天命なのだと自覚し直しました。講演会後、楽屋を訪ねていった真民さんに森先生は人間の使命について語りました。

「私たち人間がこの世に生まれてきたのは、何かその人でなければできないような、ある使命を帯びてこの世に派遣されたものだといえます。私の感性は言葉を紡いで詩を書くことに適しているのではないか、というレベルのことではなく、使命を帯びてこの世に派遣されてきているんです。

他の人にはないようないろいろな苦汁を味わってきたのも、あなたの感性を高めようとされてのことです。その使命に目覚め、努力を傾注したとき、真民さん、あなたの人生は輝き出すのです」

会う度に啓発され、有意義な時間を持つことができました。

遺書を書くつもりであなたに言う

昭和三十七年（一九六二）六月、再び宇和島市で森先生の教育講演会が持たれました。五十三歳になる真民さんは、六月二十四日、二十六日、二十七日の飛び石の三日連続で、森先生が泊まっておられる旅館を訪ねました。今回の森先生の対応は秋霜烈日の厳しさがありました。

開口一番、「遺書を書くつもりで、あなたに言います。私は明日ダンプカーに轢かれても悔いはないという思いでこのことを語ります」と切り出されました。

「あなたが詩壇から遠く離れ、持てはやされなかったのは、天から守られていたのです。もし若くしてもてはやされていたとしたら、真民さん、あなたも名声に浮かれ、言葉遊びをするだけの凡庸な詩人になっていたでしょう」

思い当たることがある指摘でした。それまではなぜ評価されないのだろうと、便々とすることもなきにしもあらずでしたが、「天から守られていたんです」と言われて、迷いがなくなりました。

そして真民さんを、こともあろうに宮沢賢治になぞらえて語られました。

「宮沢賢治は法華経によって、『銀河鉄道の夜』『風の又三郎』などの著作が不朽のものとなりました。同様にあなたは時宗の一遍上人に帰依し、仏教の深い悟りの世界を詩に表現されています。だからあなたの詩はますます昇華し、不朽のものとなりつつあります」

そして次に言われたことはいささかショッキングなことでした。

「あなたは死後に評価されます。これまで出した十三冊の詩集が散逸しないように、一冊にまとめておくべきです。それが叶わないなら、せめて自選集を出すべきです」

森先生に「あなたは死後に評価される」と言われて、ちゃらちゃらした気分が消え、前にも増して詩作に専念しようと思いました。それにしても、これまで出した詩集が散逸しないように合本にするか、自選詩集を出すべきだと具体的にアドバイスをされたのには驚きました。

宇宙のリズムから生まれたような詩

高名な詩人ならいざ知らず、そこいらの無名な詩人の詩集など売れませんから、どこの出版社も出版しません。出すとしたら、自費出版しかありません。しかし高校教師の薄給で、しかも『詩国』という一人雑誌を出している者にとって、経済的余裕があるわけではないので、とても自費出版はできません。当てがないまま、自選詩集を編(あ)んでいると、信じられない朗報が飛び込んできました。大東出版社が自選詩集を出してもいいと言ってきたのです。思わず絶句し、天を仰いで、「天、われを見捨てず」と叫びました。その旨、森先生に手紙すると早速電報が返ってきました。

「ツイニココニイタレルカ　モリ」

そして一年後の昭和四十二年（一九六七）、『自選坂村真民詩集』（大東出版社）が上梓されました。それを先生に送ると、早速電報が返ってきました。

「ホンツイタコレデ　ニホンガ　スクワレル　モリ」

真民さんは松山市の南に位置する砥部(とべ)町に住んでおり、家の近くを重信(しげのぶ)川が流れています。真民さんは毎朝五時、重信川の河原まで下りて、五体投地の祈りをします。そして対岸に聳(そび)えている四国一の高峰石鎚山(いしづちやま)の頂から射してくる最初の一閃(いっせん)を胸いっぱい吸い込んで、一日の活動を始めます。そうした中で生まれたのが「初光への祈り」という詩です。

太陽の息吹がみなぎりわいて
山の端から初光が
ウォーッと出る
ウォーン
ウォーン
というような

それはまさに宇宙の出産だ
すがすがしい光の矢が
一直線に
わたしに射してくる
それを吸い込み
わたしは祈る

ああすべてが光に向う
このひとときよ
大いなるいのちの泉よ
わたしの祈りを
遂げさせたまえ

宇宙のリズムから生まれたような詩です。こうして多くの人々に坂村真民という詩人が知られるようになっていきました。

六　教育界の〝国宝〟東井義雄先生

〝ちょぼいちご飯〟で育った少年

徳永先生と同じ明治四十五年（一九一二）生まれで、子どもたちの魂を育むことに秀でていて、しばしば森先生が主宰する実践人の研修会で同席して語り合っていた盟友東井義雄先生は、「子どもたちが発している光」をこう表現しています。

「どの子も、子どもは星、みんなそれぞれがそれぞれの光をいただいて、ぼくの光を見てください、わたしの光も見てくださいとまばたきしています。

でも光を見てもらえないと、子どもの星はじきに光を消してしまいます。だからまばたきを止めてしまおうとし始めている星はないか、光を消してしまおうとし始めている星はないかと、いつも心を配っていなければなりません。

子どもたちの光を見てやろう、まばたきに応えてやろう。そして天いっぱいに子どもたちの星を輝かせるのが私たち教師の使命です」

ここに東井先生の真骨頂が表れています。森先生をして「国宝の名に値する教育者」と言わしめた東井先生の子どもたちに接する姿勢が同じだったので、共鳴することが多かったようです。

東井先生は兵庫県出石郡但東町の一番の僻地・佐々木部落の貧しい寺、浄土真宗の東光寺の長男として生まれました。小学校一年生で母を亡くし、二十七歳で父を亡くすまで、二十年間に六つの葬式を出す不遇に見舞われ、少年時代は病人が絶え間ない家庭で育ちました。秋から春まで農閑期の食事は、大根を米粒の大きさに切って塩を振りかけ、米のとぎ汁で煮たものにわずかなコメを入れて炊いた、いわゆる〝ちょぼいちご飯〟を食べていました。ちょぼいちご飯は、炊き立ては臭いがきつくて喉を通らず、かといって朝は凍っていてガリガリと音を立てるし、食べられるようなしろものではありませんでした。

　とはいえ東井少年の向学心は強く、干しうどんの木箱を机替わりにして勉強し、旧制中学に行かせてくれと三日間泣いて頼みました。親は受験だけは認めるけれども、進学させる経済的余裕はないから諦めてくれと逆に説得される始末でした。

　貧乏人にとって中等教育が受けられる道は、学費が要らない師範しかありません。そこで昭和二年（一九二七）、姫路師範に入学しました。資力のある家庭の同級生は高等師範に進学して奉職しますが、東井さんはそのまま豊岡小学校に奉職しました。

（ないものねだりをしても仕方がない。私はここから道を開いていくのだ）

　ないものねだりをせず、小学校教員としてやっていこうと決めたのです。驚くべき〝智慧（ちえ）〟です。東井先生は随所に触れて、子どもたちに語りかけました。

太陽は
夜が明けるのを待って
―――
昇るのではない
太陽が昇るから

夜が明けるのだ――

こうして子どもたちに現実の重みを跳ね返すだけの姿勢ができていき、東井教育の実が上がっていきました。

全国から視察者が訪れた小学校

東井先生は初等教育に徹した結果、目に見えて実績が上がっていき、昭和三十二年（一九五七）、四十五歳のとき、『村を育てる学力』（明治図書出版）を出版しました。「村で学んだ子どもたちがそのまま都会に出ていったら、村はますます疲弊するばかりです。そうではなく、こうした智慧をつかんだ子どもたちの生き方を村に還元し、村の発展に役立てていこう」

と、極めて肯定的で積極的なのです。そうしたことが評価され、昭和三十四年（一九五九）、広島文理大学から『ペスタロッチ賞』を贈られました。

東井先生が校長をされる小学校は、授業時間中はシーンと静まり返っていますが、休み時間になると、雀のお宿の竹やぶ（やぶ）をつついたように沸き返ります。その転換が実に見事です。こうして東井先生が校長をされる兵庫県養父郡八鹿（ようか）小学校は評判になり、全国から視察者が訪れるようになりました。昭和三十七年（一九六二）には神戸新聞社から「平和文化賞」が贈られ、さらに昭和四十六年（一九七一）には、文部省から「教育功労賞」が贈られました。

初等教育者として東井先生は全国的に有名になりましたが、そんなことはおくびにも出さず、実践人の夏冬の研修会には、講師としてはもちろんのこと、一般研修生として毎年のように参加されていました。参加回数は九回にのぼっています。

この研修会の合間、盟友でもあった徳永先生と語り合うことが楽しみでした。社会的に評価され、いろいろな賞をもらい、有名になったけれども、肝胆相照らす仲の徳永先生と談笑できることは、東井先生にとって力の源泉だったのです。

東井先生の足の裏を揉む

昭和四十八年（一九七三）三月、徳永先生は八代に東井先生を講演に招きました。講演が終わり、懇親会もとどこおりなく終わりました。かねてから知り合いの仲なので遠慮はいらず、二人は同じ部屋に休みました。

午前三時、二人とも超早起き型で、通常はその時間にハガキを書いたり、ガリ版を切ったりしていましたが、東井先生が目を覚ますと、徳永先生は待ちかまえていたようにぱっと起きて、東井先生の足元に正坐しました。

「東井先生、もうお目覚めのようですので、これから足を揉ませていただきます。うつ伏せになっていただけませんか」

東井先生は突然のことなのでびっくりして、いったい何事ですか？　と問い返しました。

「いやまあ、とにかく、うつ伏せになっていただけませんか」

それでうつ伏せになると、徳永先生がうれしそうに言いました。

「これから先生の足の裏を揉ませていただきます。こんな光栄なことはありません。東井先生は若くして世の脚光を浴び、新聞社や大学、文部省などから賞をいただき、世の中の寵児となってしまわれました。お陰で全国から、先生が校長を勤めていらっしゃった八鹿（ようか）小学校にはいろいろな方々が視察に来られましたね」

「いやまあ、ありがたいことです。でも徳永先生の『教え子みな吾が師なり』に比べたら、私の努力など微々たるもので、お恥ずかしいかぎりです」

窓の外は真っ暗で、新聞配達のバイクの音もまだ聞こえてきません。街は深い眠りの中にあります。

「私などが申し上げると釈迦に説法になってしまいますが、有名になった背後で、いろいろな方が支えてくださったからですよね。ところで、東井先生は奥さまの足の裏を揉まれたことはありますか？」

「ええっ、家内の足の裏ですって？　いいえ、ありません」

「先生を一番身近なところで支えてこられたのは奥さまでしょう。感謝すべき最大の方が奥さまです。これから東井先生の足の裏を揉ませていただきますが、同じことを明日、家に帰ったら、奥さまにしてさしあげてください」

「………」

痛いところを突かれて、東井先生はぐうの音も出ませんでした。それまで奥さまの足の裏を揉むどころか、見たこともなかったのですから。東井先生は仕方なく観念しました。

「人さまの足の裏を揉ませていただくときは、まず合掌して、足の裏を拝ませていただきます」

徳永先生は合掌して、東井先生の足の裏をていねいに拝むと、まず親指の先から根元まで揉みほぐし、次に中指と移っていき、だんだん足の裏の中心部へと移っていきました。マッサージはさらに踵（きびす）から足首まで丁寧に行われ、東井先生はもったいなくて、穴があったら入りたい思いでした。徳永先生は人生を六十二年歩いてみて、しみじみ感じておられたのが「下坐行」の大切さで、それをもっとも尊敬する同志である東井先生と分かち合おうとされたのでした。

家内の足の裏は熊の足の裏のようでした！

翌日、東井先生が兵庫県八鹿町の家に帰りついたとき、夜中の一時を過ぎていましたが、奥さんは休まずに待っていました。東井先生は座敷に上がるなり、奥さんに頼みました。

「お前、すまんけどな、うつ伏せになってくれないか」

「まあ、どうされたんですか？　こんな夜更けに不思議なことを言い出されて……」

「まあ、いいから、うつ伏せになってくれよ。頼む」

奥さんは怪訝（けげん）な顔をしながら、うつ伏せになりました。

「これからお前の足の裏を揉ませてもらう」

「えっ、何をおっしゃるんですか。足の裏なんか揉んでもらわんでも結構です。こんなに遅いのに、そんな冗談を言っていないで、早く休んでください」

「いやな、どうしてもお前の足の裏を揉まねばならないことになってしまったんだ。八代（やつしろ）の徳永先生と約束してきたんだよ」

そう言って、いやがる奥さんの足袋を脱がせると、熊の足の裏のようなものが出てきたのでぎょっとしました。町の寺に生まれて大事に育てられたお嬢さんが、山の中の貧乏寺に嫁いできて、自分はチョークを持って教壇でしゃべっているとき、奥さんは寺の雑事をこなし、田畑を耕し、石がゴロゴロした険しい山道を滑らないように指先に力を入れて、一歩一歩踏みしめて、薪や肥やしを運んでいるうちに、熊の足の裏のようになってしまったのです！　結婚して三十八年目、初めて見た奥さんの足の裏でした。

（ああ、畑のことなんか見ようともしないで、私は飛び回ってばかりいた。その間、妻は山の田畑を耕し、重い荷物を運んだので、こんな足の裏になってしまったのだ……）

　そう思ったら、東井先生は本気になって奥さんの足の裏を拝んだのでした。そしてこういう詩が生まれました。

「何もしてあげることが
できなくてすみません」
ポツリとそんなことをいう妻

「何にもしてあげることが
できなくてすまん」のは
こっちだ

しかも妻に「すみません」と
言われるまで
「すまんのはこっちだ」
こっちこそ
ほんとにすまん

ということさえ
気がつかないでいた
何もかも、着るものから
食べる物からパンツの洗濯まで
してもらって

奥さまへの感謝を歌った素朴な詩が表しているように、どこまでも謙虚な東井先生でした。東井先生は徳永先生の死を悼む追悼文に、「私を開眼させてくださった徳永康起先生」と題して、こう書いておられます。

「私は坂村真民先生の教えによって、私を支えてきた足の裏には感謝を捧げてきたつもりでした。しかし、私がほんとうに拝まなければならないのは、私を支えてくれている数限りない人々の足の裏、なかでも家内の足の裏だったことを、徳永先生は私に教えてくださったのです」

互いの魂をたたえ合うお二人。一人は兵庫で、一人は熊本で、それぞれ丹念に下坐行をして、天国へ旅立っていかれました。

詩「尊いのは足の裏である」

下坐に下りることを大切にされた坂村真民さんが「尊いのは足の裏である」という詩を書いておられます。「足の裏から光が出る人こそ、本当に偉い人だ」というのです。徳永先生は東井先生の足の裏を揉む奉仕をされたので、真民さんのこの詩を掲げます。

尊いのは
頭でなく
手でなく
足の裏である

一生人に知られず
一生きたない処と接し
黙々として
その努めを

果たしてゆく
足の裏が教えるもの
しんみんよ
足の裏的な仕事をし
足の裏的な人間になれ

頭から
光が出る
まだまだだめ

額から
光が出る
まだまだいかん
足の裏から

光が出る
そのような方こそ
本当に偉い人である

全然目立たないけれども、この個体の村立のためには欠かせない部位が足の裏です。そこに焦点を当て、足の裏から光がでるような人間であろうとされる真民さん――。法然にせよ親鸞、道元、あるいは空海、最澄など、この国を導いてきた真人たちは一様に下坐に生きた人々でした。その系譜がここにも脈々と流れていました。

なお、私は森先生と坂村真民さんについては、『「人生二度なし」森信三の世界』（佼成出版社）と『自分の花を咲かせよう――祈りの詩人坂村真民の風光』（PHP研究所）を上梓（じょうし）しています。より詳しくはそれらの本をご参照ください。

第九章

康起菩薩、天国に還る

教え子たちが主催した恩師の「謝恩退職祝賀会」

「〝左党〟ではなく、根っからの〝子ども党〟です！」

実践人夏季研修会には毎年参加していた徳永先生は、第二部の懇親会の司会を担当していました。初めて参加した人たちにもうまくスポットライトを当て、いつの間にか懇話会の主役にしてしまう技量はさすがで、場を盛り立てる名司会者でした。

懇親会の席で初参加の教師たちが徳永先生と座をともにします。

「先生は日頃から球磨焼酎で鍛えていらっしゃるから、お酒は強いでしょう。肥後もっこす左党ですね」

差し出された銚子の酒を杯で受けながら、

「私は酒好きですが、〝左党〟ではなく、根っからの〝子ども党〟です！」

とジョークを言ってみんなを笑わせ、その場が一気に和んでいました。いつも家にいるときは、夜九時には就寝し、早朝三時に起きるスケジュールでしたが、実践人の夏季研修会だけは別でした。

昭和四十六年（一九七一）三月、徳永先生は六十歳で定年退職されましたが、五月二日、何とごぼく会や、免田十年会、井牟田大木会、つくし会などの教え子たちが主催して、日奈久温泉の柳泉荘で「謝恩退職祝賀会」を催しました。異なる小中高の百人もの教え子たちが一堂に会して恩師の退職祝賀会を催すなど、日本広しといえども聞いたことがありません。いかに徳永先生と教え子たちが深く結び合っていたかを物語っています。

主催者として頑張った一人に、ごぼく会の平岡英二さんがいました。平岡さんは同級生にも人望があり、徳永先生亡き後は地元の八代市に住んでいる彼がごぼく会をリードし、みんなに年忌の墓参などを呼びかけました。

平岡さんは父親が国鉄の駅長だったこともあって国鉄に勤め、車掌区の組合に身を置き、国鉄民営化の団体交渉では多くの職員を新会社に送り込みました。しかし潔い平岡さんは、自分は精算事業団に身を委ねました。自らは不利益を被っても、みんなの利益を優先させる生き方は、恩師徳永先生から受け継いだ生き方で、だからこそみんな彼を信じてついて行ったのです。

その後、平岡さんは清算事業団からもスパッと身を引き、自らの道を切り開き、悔いることのない人生を歩きました。平成二十六年（二〇一四）五月、ごぼく会六十周年（七十三歳）を東京で祝った際、全国から十七名が参加、平岡さんは体調が悪いのに熊本から参加しました。彼は足が悪くてすでに歩行困難になっていたので、乗っている車椅子をみんなで交代して押しました。すれ違う人たちが、「あんなに仲がよいなんて、どういうグループなんでしょう」とうらやましがりました。ごぼく会の絆の深さは尋常一様ではありません。

残念ながら平岡さんは平成の最後の年に七十六歳で亡くなりました。徳永先生と同じで、彼がクリスチャンであったことはお別れのときに知りました。

ごぼく会の二年後輩にあたる宮本定勝さんもその主催者の一人として準備に奔走しました。それから一か月後、勤務先の学校に徳永先生から電話がかかってきました。

「宮本先生、人生勉強してみませんか？」

つまり結婚しませんかというのです。結婚は甘いだけではないことは、徳永先生は重々知っています。異なった価値観で育ってきた二人が寄り添い、折り合いをつけなければいけないのですから、ひと波乱もふた波乱もあって当然です。だから徳永先生は「人生勉強してみませんか」と呼びかけたのです。先生が推薦される女性ならと乗り気になり、話はとんとん拍子に進んで、めでたくゴールインしました。徳永先生は縁結びの神さまにもなってくださったのです。

宗起さんの手記『哀歓三十年』

徳永先生は、退職後は熊本県家庭相談員として、八代福祉事務所に勤務するようになり、比較的時間が取れるようになりました。そんなある日、救世軍を辞めて生まれ故郷の大野に帰り、農村の復興に尽力していた宗起さんが、「或る行き倒れ人」という題の手記を持ってきました。救世軍で活動していたころ、尼崎で手助けした初老の男性でなかなか立ち直ることができず、何度も刑務所のお世話になっていた人のことが書いてありました。彼はあちこち不義理を重ねた結果、頼る人がなくなってしまい、とうとう行き倒れて死んでしまいました。ところがその人が手帳にただ一人、宗起さんの住所を書いていたのです。人と人が結んだ真実の絆はそうそう切れるものではありません。

救世軍時代の徳永宗起さん

宗起さんは康起さんにそれをガリ版のプリントにして、知人に配ろうと思って依頼してきたのです。その手記を読んで、康起さんは教師になりたてのころ、夏休みになると、大阪や坂出市の希望館や孝子寮、瀬戸内寮に手伝いに行ったが、あのとき見聞きした出来事のほかにも、こういう出来事もあったのかと驚きました。

そこで宗起さんに、「自分の人生を手記にして残しておきませんか」と誘い水をかけました。康起さんにとって兄が身を捧げた更生教育にはとても啓発されていたので、形にして残しておきたいと思ったのです。宗起さんも同じ思いだったので、「それじゃあ、書いてみよう」と承諾しました。

そこで書き上がった手記を芦北町からクルマで持ってきてくれ、徳永先生はそれを読み、改めて驚きました。社会からはみ出した青少年たちを立ち直らせていく更生教育は半端なものではなく、康起さんはしばしば絶句しました。

「これこそ教育だ！　まったくの真剣勝負で、魂と魂がぶつかり合っている。兄が実際にやってきたことであるだけに恐れ入った！」

徳永先生はその原稿を編集し、ま夜中の三時ごろから夢中になって鉄筆を握りました。百五十四ページに及ぶ『哀歓三十年』が完成したのは、昭和四十六年（一九七一）九月のことでした。あの鉄筆ダコはまたしても偉大なことをなし遂げたのです。

これを百部制作して各方面に贈呈したところ、お礼状や読後感が山のように届きました。寄せられた読後感に宗起さんは感動し、少年たちと苦労したかいがあったと感謝しました。

ＧＨＱの無理難題を諌めた宗起村長

徳永先生が宗起さんの手記によって知ったのは、戦後、宗起さんは家族を連れて葦北郡大野村に帰郷し、父定敏さんの跡を継いで村長を務めました。ところがそのころ、地方自治体が頭を抱えていた問題は、連合軍総司令部（ＧＨＱ）がしばしば市町村に視察におもむき、酒席での婦人の接待を強要することが頻繁に起こっていたことでした。財政難で苦しむ市町村にとって、ＧＨＱの接待費は大きな負担になっていたのです。

義憤にかられた宗起村長は単身、九州地方のＧＨＱ軍政部に乗り込み、過度の要求を自粛させようとしました。以前、救世軍に勤めていたとき、陸軍省や検察庁、県知事などと交渉していたので、まったくものおじしなかったのです。

交渉はうまく進み、軍政部から謝罪と撤回を取り付けました。ただし桜井県知事から事前に相談してほしかったとの苦情もあったようです。宗起村長の武勇伝の一つです。

この兄にして、この弟あり！　徳永兄弟は持って生まれた天稟（てんぴん）が私たちとはまったく違うようです。

二　徳永先生の体験談が生かされる

たいまつに火をつけるには線香の火ではだめです

昭和四十六年（一九七一）八月、森先生からたっての依頼で、徳永先生は伊勢国民道場で開かれた実践人夏季研修会で「私の歩いてきた道」と題して講演しました。参加者は三か月前、浪速社から発売されればかりの『教え子みな吾が師なり』をほとんど読んでいたから、徳永先生が新たな志を抱いて五年五組のクラス担任になって以来の十九年間の奮闘を、耳をロバの耳のように大きくして聴き入りました。

実践に裏打ちされた教育の証しは、居並ぶ教育者の心魂を揺さぶりました。

「たいまつに火をつけるには線香の火ではだめです。こっちは生徒たち以上にあかあかと燃える火でなくてはいけません。そのことを私に痛感させてくれたのが生徒たちでした。私は生徒たちによって何度も襟をただされました。書名を『教え子みな吾が師なり』としたのは、実感以外の何物でもありません」

先生が演壇を降りるとき、割れんばかりの満座の拍手が送られました。現在五十九歳、来年は六十歳で退職します。退職の寸前であの本が出され、同じ教職にある人々と喜びを心底分かち合うことができて仕合わせでした。

講演が終わって中休みに入ると、多くの教師たちが先生を取り囲みました。弊履のごとく動かない現状の厚い壁の前で、あるときは途方に暮れ、あるときは自信を失い、それでも思い直して奮い立ってがんばってきた教師たちだから、みんな大いに共感しました。

「徳永先生、ありがとうございました。どれほど勇気づけられたかわかりません。涙を拭って私もがんばります」

握手を求め、目にいっぱい涙を浮かべています。そんな後輩教師を徳永先生が励まします。

「大丈夫。きっと報いられます。生徒が和気あいあい、集まってくるようになります。へこたれないで。続けることです！」

『教え子みな吾が師なり』を読んで、ぜひ徳永先生に会いたいと思って、わざわざやってきた先生もあったから、その日の講演は涙なしには聴けませんでした。

「徳永先生、教育は聖職なんだとやっと実感できました。そして〝棚ぼた〟のようにそう感じられるようになるのではなく、生徒側からの反応があるまで、教師の側がひたすら努力しなければならないことも知りました。こんな励ましをくださって、ただただ感謝です」

若い教師が声を詰まらせていました。

「私は来年定年で、学校を去ります。『教え子みな吾が師なり』を参考にして、あなたのような若い先生方が後を引き継いで、子どもたちをリードしてください」

この講演は寺田一清先生によって同名の小冊子となり、多くの教育関係者を刺激しました。

「私の場合はこうしました!」と言う説得力のある答弁

八代市福祉事務所では週三日間勤務し、残りの四日間は方々に講演に呼ばれて出掛けました。「光るナイフは捨て置かれることはない」と言われるとおりです。子どもたちの成長に自分をひたすら捧げてきたことが、徳永先生の懐を宇宙のように広くしてくれました。教え子たちが「すべてを受け入れてくださっている」と感じた徳永先生のまなざしは、天が代償としてくださった賜物でした。

校長を辞めたらいつしか忘れ去られ、落ち葉と違ってカサとも音がしない教職者もありますが、徳永先生の場合、学校の現場や保護者会のみならず、企業や地域の諸団体などにも呼ばれ、講演回数は年を追うごとに増えていきました。そんな集まりで徳永先生はみんなを励ましました。

「わが国には『二十四の瞳』という、女学校を出たばかりのおなご先生と、島の岬の分教場の生徒たちの交情を描いた美しい模範があります。あれは小説の中の美しい話ですが、私たちが誠心誠意を尽くせば、生徒たちは必ず反応してきて、教育の真価と呼ばれるものが現れてきます。私がそうでした。私は生徒たちによって救われたのです。

　私がやった工夫は『教え子みな吾が師なり』に詳しく書いています。どうぞあれを詳しく読んで参考にし、先生の工夫を加えてください。

　私は何もかも嫌になって失踪した生徒を別府まで迎えに行ったことがあります。泣きじゃくる生徒を抱きかかえ、無事でいてくれてよかったと安堵した私も泣きました。教師が手応えを感じるのはそんなときです。あなたがたも負けずにがんばってください」

　圧倒的な実績のある先生が語ることです。聴いている先生方も保護者も納得し、自分の励みになりました。

父母は私たちのいのちの根源です！

退職して二年目の昭和四十八年（一九七三）の仕事納めには、坂村真民さんの詩から、父母に関するものを選び出し、ガリ切りから印刷、製本まで手掛けて『根源』と題する詩集を作り、教え子や関係者に配りました。その序文にこう書いておられます。

「昭和四十八年の最後の仕事、そして昭和四十九年の仕事はじめとして、元旦の朝までかかり、やっと印刷、裁断、表紙付けをしました。寒坐、真民さんのすべての詩の根源は、父思い、母思いに発するものであると断定し、寒室寒坐（かんしつかんざ）、しかも早暁、ヤスリ版の上の手が冷たくなって動かなくなるまで体当たりでガリを切りました」

そして、これこそが人間の原点だと、『根源』をみんなに配りました。そんな徳永先生に応えて、真民さんは『愛の火柱』（自家版）の帯にこう書きました。

「わたしはいくたびか、阿蘇に立つ火柱を見た。わたしはこの本を読み、あの火柱のような美しさを感じた。そうして『教育は愛なり。この根源に帰れ』と叫んだ」

『愛の火柱』は『教え子みな吾が師なり』が絶版になったあと、それを補うために寺田常務が出版された私家版です。徳永先生は真民さんが評する通り、まったく阿蘇の火のごとき熱と情の人でした。

徳永先生は、昭和五十年度（一九七五）は講演に呼ばれて行った回数が三十六回、昭和五十一年度（一九七六）は四十二回、昭和五十二年度（一九七七）は六十八回、昭和五十三年度（一九七八）は八十回と、退職教師でありながら、年を重ねるごとに増えています。毎週一回半はどこかに講演に呼ばれていたことになります。

昭和五十二年（一九七七）十二月、以前ある学校でいっしょだった先生のご主人の県北にある玉名市の学校の母親学校に呼ばれて行きました。講演が終わっても、みんな感動のあまり、立ち上がろうとしません。

徳永先生が校長室で休憩されていると、三人の母親が訪ねてきて、涙を流して相談しています。アドバイスをもらって校長室を出ていくときはすっかり元気になり、生き生きした表情で帰っていかれました。それがご縁で、徳永先生の集まりは次々に玉名郡市の両親学級、ＰＴＡ、婦人会へと広がっていきました。

晩年を襲った病魔もこれまた〝天意〟

徳永先生は頑健な体格をしていたので、病気とは無縁のように思われていましたが、昭和五十一年（一八七六）八月、六十五歳のとき胃潰瘍（かいよう）で入院し、森先生にお見舞いをいただきました。このときは四十日ほどで退院できましたが、翌々年、今度は腰痛と左モモの神経痛に襲われ、明けて昭和五十四年（一九七九）一月、腎臓病を患って入院しました。

病院では患者が尿毒症になるのを防ぐため、外的な手段によって、血液中の老廃物を除去し、一方で電解質を維持し、水分量の維持を行います。人工透析は毎週月水金の三日間、各回四時間から五時間かかりますが、副作用として体がかゆくなり、しばしば足がつってこむら返りが起き、足の裏に違和感が起き、術後も脱力感にさいなまれてやる気がなくなります。それでも徳永先生は少しも弱音を吐かず、泣き言もこぼさないので、担当の看護師は何て意志が強い人だろうと、不思議がっていました。

でもそれは先生が無理に我慢していたのではなく、全部甘んじて受けようという心境に立っていたからです。

「私にはもう思い残すことはない。ごぼくの子らが十分応えてくれて、私の生き方は間違っていなかったと証明してくれた。あとは静かに燃え尽きていくだけだ」

そんなある日、宗起さんがお見舞いに行くと、徳永先生は意識がもうろうとした中で列車の時刻表を見せてくれるよう頼み、しきりに「明星」「明星」とつぶやいています。「明星」とは実践人夏季研修会に行くとき、乗車する予定の西鹿児島発大阪行きの急行列車のことです。さらに、財布、財布とうわごとを繰り返します。参加申込金を振り込まなければいけないというのです。それがわかって、奥さんも宗起さんも「そこまで実践人の研修会に参加することを楽しみにしているのか……」と涙ぐみました。

しかしそれが最後で、とうとう六月二十九日、腎不全によって六十八歳で逝去しました。先生の訃報は告別式の七月一日の朝、熊本日日新聞の朝刊に三段抜きで「鉄筆の聖者」「超凡破格の教育者」として報道されました。校長でもなく、教育功労者として表彰されているわけでもないのに、破格の扱いでした。

二　ついに迎えた康起菩薩の葬儀

三百名を超す葬儀参列者

告別式の日、九州北部中部は極端な豪雨に見舞われました。教え子は全国に散っているから、羽田空港から熊本空港に向かいましたが、熊本空港には着陸できず、福岡空港に着陸しました。ところが長距離バスも運行を見合わせる状態で、みんなやっとのことで夕刻、通夜の会場である平安閣に到着しました。葬儀参列者は教え子、父兄、学校関係者、県の教育行政関係者、それに森先生が主宰される実践人の同志たち、友人知人など、三百名を超すと予想されたので、八代市内ではもっとも大きな冠婚葬祭会場が準備されました。

翌朝、打って変わって抜けるような紺碧の空に変わり、陽光がさんさんとふり注ぐ晴天となりました。三百人の席が用意されましたが座りきれず、会場の後ろに立つ人も多くありました。

広い会場には徳永先生が愛誦されていた北原白秋の詩「落葉松（からまつ）」が教え子西田園子さんの朗読によって流されました。徳永先生はクリスチャンなので、葬式は仏式で行わず、教え子に北原白秋の詩を朗読してもらいました。豪放でありながらも人一倍感性が豊かだった徳永先生への独特の配慮で、式は進みました。この詩は、広島ハガキ祭りが行われる際、四十数年経った今でも、創始者の徳永先生を偲んで朗読されています。

葬式では、詩の朗読に続いて、ごぼく会を代表して、六年五組で級長をやった横田忠道さんが、恩師が好きだった「北帰行」を歌いました。会場にアカペラで流れた「北帰行」はありし日の恩師を偲ばせました。

窓は夜露に濡れて　――　北へ帰る旅人ひとり
都すでに遠のく　　　　　涙流れてやまず

横田さんはクラスの人気者で、みんなのまとめ役だったから、同級生たちの事情をよく知っており、仲間たちがどれほど徳永先生に助けられたかよく知っていました。だからそのことを『教え子みな吾が師なり』にこう書いています。

「（徳永先生は）あるときは優しく励まされ、その導きによって、一時は挫折寸前でありながら生き返り、勇気を出して再出発した友が何人もいることを知っています。先日逮捕された、連続ピストル射殺事件の十九歳の少年が、もし仮に徳永先生に受け持たれていたとしたなら、あのような事件は起こさなかったのではないでしょうか」

横田さんの『北帰行』の悲し気なメロディーは、「ああ、もはや恩師はここにいないのだ……」と、切々と訴えました。弔辞は教え子を代表して植山洋一さんが読みました。

「告別の辞」で流された録音テープ

その後、先生自身の声で録音テープに吹き込まれた遺言「やはり言っておこう」が会場に流れました。自分の死後に残される三人の子どもたちへの遺言です。生前のお元気なころを髣髴（ほうふつ）させる声で録音されており、みんなは懐かしくてほっとしました。

瑠美（るみ）よ（長女）、由美よ（次女）、拓夫よ（長男）、紘也よ（次男・亡児）

この風来坊のろくでなしの男についてきて、一つの不平も不満もなく、ひたすらに生きているのが、お前たちの母である。

母乳とミルクを併用すると赤ん坊にいけないと医師から言われて、少ない母乳で育て上げようと決意した。母は、そりゃ苦労したよ。満腹しないから乳首から離れそうにない赤ん坊のため、夜通し乳を与えなければならなかった。瑠美も由美も拓夫も紘也もそうして育ったんだよ。そのため、平素あまり強くない上、睡眠不足に陥りながら、お前たちに全部の力をふりそそいだんだよ。

口ぎたなく大声出して叱られたことは、一度もなかっただろう。頭に手を当てられたことなど、もちろんないはずだ。慈母観音さま……ぴったりすると思わないか。

世の教員妻の願いは、夫の世間的な栄達であろうに、校長六年、希望してサラリと捨てて平教員に。今も素浪人教員である。その夫を見ながら静かに微笑している。

教員の典型。傷ついた教え子を、いろんな教え子を、それはそれは大事にしていてくれる。憩いを与え、一心になって祈ってくれる。先生よりも、奥さんがとたたえられておるらしい。父よりも母をお前たちも思っておるらしい。事実そのとおり。まさにそのとおり。

なあ、紘也。この母の一大痛苦は、昭和三十八年四月二十五日、お前が亡くなったことだった。成人式を終わった二十歳でこの世を去った。

お前は母が生きている間中、悲しませているんだぞ。

なあ、紘也。君は母をとても思慕していた。

この母のために生きるのだと一大勇猛心をふるい起こしていたようだった。

昭和三十七年五月八日にその胸に差したであろう造花のカーネーションが、
主なき部屋のカーテンに差されていたっけ。

遠い静岡でポツンと消えて母の懐に帰った君は、

あの赤いカーネーションをいつも抱きしめているだろう。
父も母も、人の世の定めを免れることはできない。いつかやってくる。
どちらが先にやってくるか、それはわからない。
やはり言っておこう。
世界一のよき母をいただいた幸せを忘れてはならぬ。
この母ありてこそ、この母ありてこそ、お前たちは今があるのである。
誇れ、そして感謝しなければならない。そしてそれぞれの燃焼を続けるのだぞ。
紘也の分まで。
やはり言っておこう。
慈母観音さまを忘れぬかぎり、お前たちの生は母のごとくきれいだろう。

残される母への配慮を子どもたちにうながす徳永先生の声は、居並ぶ会衆の心に訴えかけ、あちこちですすり泣きを誘いました。しかし、今改めて読み直してみると、これはご自分のご子息に母への感謝を思い起こさせるためだけではなかったのではないかと思い至りました。
教育者として、子どもたちに「いのちを継承する」ことの大切さを重々説いてこられた徳永先生でしたが、その〝いのちの継承〟において、父母の存在が決定的役割を演じている、それを弔問客に喚起しようとされたのではないかと思ったのです。

おそらく通夜にも告別式にも大勢の教え子たちが来るに違いありません。その教え子たちに、自分の肉声でもう一度、父母への感謝を喚起したかったのではないでしょうか。

「私たちの先祖はすごいことに気づいていたんだね。〝ありがたい〟というのは〝有り難い〟つまり、あり得ないほどに希少なことだから、ありがたいというんですね。だから父母をこそ大事にしようよ」

最後の最後まで、徳永先生は〝教師〟だったのです。

玄関の前の徳永夫妻

教え子たちによる恩師を偲ぶ会

告別式が終わると、太田郷小学校のごぼく会のみんなは、かつて徳永先生とともに二十四年前、楽しい日々を過ごしたなつかしい六年五組の教室に帰りました。就職のためみんなそれぞれ各地に散らばり、結婚してそれぞれの地で家庭を持ったので、全員が参加できる会はなかなか持てなかったのです。でも恩師の逝去に際して久々に集うことができたので、急遽ごぼく会の例会を持ち、二十数名が参加しました。

久々に訪ねた教室は机や椅子は全部片づけられており、板の間の床を撫でて往時を偲びました。誰かが、「ぼくらのクラスは、ドッジボールはなぜか女子が男子よりも強かったんだよね」と言うと、「そうだったね。男子はしいたげられていたなあ！」とまぜ返します。

この六年五組の教室は徳永先生と二年間ともに過ごした教室で、先生は教卓で、生徒から提出された日記に、赤ペンで右手をまっ赤に汚して、何やら書き込んでおられました。その教室で時折すくみ上がるような〝カミナリ〟が落ち、障害児の生徒に優しくて温かい声をかけようと約束し合ったことなどが次々に思い出されます。二十四年前、卒業記念樹に植えた五本のカイヅカイブキは二階の教室の窓のすぐ下まで伸びていました。

板の間の教室に大きく一つの輪を作って座り、先生の思い出を語り合うと、若々しい奥さまになった溝上知子（旧姓井村）さんが、涙目になって語り出しました。

「お見舞いに行くたびに、先生が痩せて弱っていかれるのを見るのが辛くて、奇跡が起こるよう祈っていました。でも、こんなことになってしまって……」

　そしてあることを付け加えました。

「先生には一生かかっても返せない借りがあるんです。長女を出産するときでした。先生がわざわざ八代から熊本までやってきて、

『あんなぁ、赤ん坊は母乳で育てるのが一番良かバイ。これば腹いっぱい食べてお乳をうんと出さにゃなあ』

と、お肉をたくさん抱えてお見舞いにきてくださったのです。

それに何か嫌なことにぶつかって悩んでいると、先生は何もかもお見通しであるかのように、突然ハガキをくださったものです。そうしたきめ細かい配慮をなさるのが徳永先生でした。まだ何のご恩返しもしていなくて……」

　そんな思い出が次々に出てきます。どの一人にとってもかけがえのない先生でした。そこでこれからのごぼく会をどうするか話し合いました。話し合いの間、昔を思い出して時折泣きだす者もいました。

　最後に立ち上がり、みんなで手をつないで輪になって「ふるさと」を歌い、続いて「故郷の廃家」を、続いて先生が誰よりも好きだった「北帰行」を歌いました。

（先生、ただただありがとうございました。お世話になりました）

と思って歌っていると、途中から誰かが涙声になり、つられてみんな泣きました。そしてこの日から新たな「ごぼく会」の人生がスタートしたのです。植山洋一さんは卒業後六十六年になる現在も、クラス会の事務局として会の連絡をとっています。

主亡き八代市千反町の徳永先生の家の玄関先の植え込みには、二メートル大の大きな株に育ったエリカが、スズランのような小さなピンクの花をびっしりつけて咲き乱れていました。

三　天空への飛翔

『徳永康起先生の人と教育』が刊行される

徳永先生の葬儀が終わって一段落すると、森先生の依頼を受けて、実践人の寺田一清常務とハガキ道の伝道師坂田道信さんが八代市の徳永家を訪ねてきました。徳永先生の教育の事績を残したいというのです。それまでも徳永先生の教育は『教え子みな吾が師なり』で書かれてきましたが、それらを補塡（ほてん）して、もっと委細を尽くしたものを刊行したいというのです。それで光子夫人や教え子たちが八方手を尽くして、先生の一人雑誌『天意』や複写ハガキの原本コピーなどを提供しました。

この編集には、徳永先生と深いつながりのあった実践人の先生方の中に、結婚間もない弁護士志望の若い青年がいました。西村栄一衆議院議員（民社党第二代委員長）のご子息で、後に衆議院議員になる西村真悟先生が、ご夫妻とご母堂三人で原稿整理に携わりました。西村先生は寺田常務に招待されて実践人の集まりに出るようになり、実践人の研修会で何度か徳永先生に会っていたので、力が入りました。

西村先生が『徳永康起先生の人と教育』に寄せている追悼文を見ると、徳永先生の人柄が髣髴（ほうふつ）されます。

「徳永先生に最初に会った印象は声がでかい野武士のようで、縄文的気魄の人物の再来かと思いました。何とも言えない懐かしさを感じさせる人で、奈良東大寺戒壇院（かいだんいん）の広目天（こうもくてん）像に似ていると思いました。今でも目を閉じると、大手を広げて大地に立っている姿が浮かんできます。われらの民族が持つ男の原像のような方でした」

昭和五十五年（一九八〇）十月、『徳永康起先生の人と教育』（徳永先生回想録刊行会）、その一年後に、『徳永康起遺文集』（全三巻・徳永康起遺稿刊行会）が刊行されました。

西村先生は出版のあと弁護士資格を得て、連合大阪の顧問弁護士を経て、平成四年

（一九九二）、衆議院議員選挙（大阪十七区）に民社党から出馬して当選し、以後六期務めました。

心を許した親友の観察

宮崎県高鍋町で書店を経営し、徳永先生と親交があった鬼塚八郎さんは『徳永康起先生の人と教育』にこういう追悼文を寄せました。鬼塚さんは戦前、朝鮮で教師をしているとき、町に講演に来られた森先生の講演を聴いて感銘を受け、以来森先生に師事していた人です。

「堺市の長野精一さんは、森信三先生のことを『魂に灯を点ぜられるお方』と申しておられ、いかにも長野さんらしい表現であると敬服します。森先生のお教えをもっとも忠実に実践せられた徳永先生もまた、人々の魂に灯を点ぜられる方でした。このことはとくに『教え子みな吾が師なり』の一書にもっともよく表れているといえます。

すなわち師弟生命の呼応によって、小学生という小さい歳でありながら、人生の生き方、考え方について、大人も及ばない立派な見識を備え、後に徳永先生が〝宝〟と呼ばれたとおり、みんなの心が美しく光り輝いているのがよくわかります。教育（エデュケーション）とは引き出すことだと言われますが、それをもっともよく実証せられたのが徳永先生だったと思われてなりません」

そしてさらに、表面だけでは知ることができない微妙なことを指摘されています。

「先生は十余年にわたって『天意』という一人雑誌を出しておられましたが、一年あまり前から休刊されました。不特定多数の人々に読まれる『天意』よりも、一対一のハガキを大切にしたいと言って、例の複写ハガキに専念されました。今にして思えば虫が知らせたとでもいうのか、縁の深い人々への書信を書き残すことに精を出されたのではないかという気もいたします」

なるほど、そうだったのかもしれません。死を意識して初めて一瞬一瞬の生を大切にするようになる――先生の晩年をその観点から見ると、納得がいくことが多々あります。

森先生はご自分の教育哲学を見事に実践した愛弟子の詳細な活動を『徳永康起先生の人と教育』に見いだし、感慨深いものがあったに違いありません。次のような序文を寄せておられます。

「生前すでに『超凡破格の教育者』といわれた君は、没後わずかに一年に過ぎない今日、すでに『鉄筆の聖者』として、君が生前広く全国の同志に送られた厖大（ぼうだい）な四万三千通に上る書翰の精要は、今や大冊三巻としてその集大成の刊行を見んとし、現在寺田一清氏の手により、着々進行を見つつある。かくして今や、明治以降のわが国の教育界における〝百年一出の巨人〟として、君の認識が始まろうとしつつあることを思うとき、改めて私は〝天〟の至公至平なることを、心から痛感せずにはいられないのである」

その二年後、徳永先生の三年忌法要が執り行われたとき、全国から弔問者が詰めかけ、熊本日日新聞の「月曜レポート」は破格の扱いをし、一面の大部分を割いて報道しました。新聞記者が徳永先生を「百年に一人出るか出ないかの巨人」と感じたればこその扱いでした。

阿蘇に立つ火柱

徳永先生は何があっても「これ天意なり!」と受け止め、避けて通ることはされませんでした。恩師森先生もまったく同じ見解に立っておられ、こう述べておられます。

「第一に『わが身に振りかかること、すべてこれ天意なり』。第二に『この世に両方いいことはない』。この二つの真理によって解決できないことはありません」

そして私たちに課せられている使命についてこう述べておられます。

「私たち人間がこの世に生まれてきたのは、何かその人でなければできないような、ある使命を帯びてこの世に派遣されたものだといえます。私たちがこの地上に出現せしめられた意味を知るのは、一人ひとりの人間各自の責任であって、何ゆえこの地上に派遣されたかということを、多少ともわかりかけるには、相当に秀(すぐ)れた人でも、一応人生の半ばに近い歳月を要するでありましょう」

　そして明言されました。

「人間は一生のうちで、逢うべき人には必ず逢える。しかも一瞬早過ぎず、一瞬遅すぎない時に――」

　この言葉には、私たちの人生を見守り導いてくださっている〝天〟に感謝して捧げられた森先生のすべてが集約されているように思います。徳永先生もまた絶妙のタイミングで森先生に出逢い、そしてかけがえのない子どもたちによっていっそう磨かれたのでした。

　この小論を閉じるにあたって、私は坂村真民さんが『教え子みな吾が師なり』を読んで、徳永先生に捧げた詩で締めくくろうと思います。

　わたしはいくたびか
　――
　阿蘇に立つ火柱を見た
　わたしはこの本を読み
　そうして「教育は愛なり、

あの火柱のような　この根源に帰れ」
美しさを感じた　と叫んだ

地上における使命を果たし切った徳永先生は天国へ飛翔していきました。

おわりに

熊本では徳永先生が少年時代を過ごした葦北郡芦北町の大野小学校、一年間学んだ県北合志市の合志義塾、二十四歳の若い徳永先生が教鞭を執った宮崎県との県境に近い山奥のあさぎり町立免田小学校、そして戦後、教職者として再出発をした八代市立太田郷小学校を訪ねました。

徳永先生自身が住んでいた八代の家は取り壊されて病院の駐車場になっていました。でも先生関係の資料はお嬢さんの家の倉庫に保存されていたので、案内役の植山洋一さんにこまごまと説明を受けながら閲覧しました。

そもそも植山さんと付き合いが始まったのは、令和元年（二〇一九）六月八日、第四十回広島ハガキ祭りに講演で呼ばれて行ってからでした。徳永先生は複写ハガキの元祖なので、祭りの最後は恒例の、先生が愛誦されていた北原白秋の「からまつ」が斉唱され、閉式となります。そこに植山さんが熊本から参加されており、徳永先生の愛弟子というので言葉を交わしました。

徳永先生の太田郷小学校時代の教え子である植山さんは当時すでに七十八歳でしたが、陸上自衛隊時代、過酷な訓練を受けてこられたので矍鑠（かくしゃく）としておられ、徳永先生のことを現代に伝える貴重な存在です。

当時、私は故森信三先生が主宰されている機関誌「実践人」で連載しており、植山さんからその連載を植山さんのブログに転載させてほしいと依頼がありました。活用していただければこんなにうれしいことはないので、快く了承しました。

以来、交流が深まり、徳永先生との交流を髣髴（ほうふつ）させてくれるいろいろな資料を見せていただき、私は徳永という教育者にぞっこん惚れ込みました。もちろん、徳永先生は森門下の逸材であり、森先生を師と仰ぐ教師たち・実践人の要として活躍された方でしたから、存じあげていたのですが、まったく表面的なものでしかなかったと痛感しました。徳永先生が一教師として生徒たちに与えた感化は尋常一様なものではありませんでした。植山さんから次から次に送られてくる一次資料に感嘆し、この先生のことを書きたいと願うようになりました。

熊本での一連の取材を終えた私は、かねがねから一度訪ねたいと思っていた熊本市の西の郊外に聳える金峰山の雲巌禅寺（うんがんぜんじ）を訪れました。

慶長十七年（一六一二）四月、有名な佐々木小次郎との一騎打ちを巌流島（船島＝現山口県下関市）で果たしたあと、武蔵は小倉藩主の小笠原忠真公のところに逗留し、さらにその後、寛永十七年（一六四〇）、熊本藩主・細川忠利公に客分として招かれました。しかし齢六十を迎え、もはや死期が迫っていると感じた宮本武蔵は、寛永二十年（六十歳）から正保二年（六十二歳）にかけて、熊本の西に聳える金峰山にある雲巌禅寺の裏山にある霊巌洞に籠りました。神仏の懐に入り込んで、天地万法の奥義を極めようとしたのです。

金峰山の頂上近くの西の崖にぽっかりと空いた霊巌洞は、今は木や竹がうっそうと繁って視野が閉ざされていましたが、樹木がもっと低ければ金波銀波に輝く有明海が見渡せ、そのはるか向こうに島原半島の雲仙岳が望めるに違いありません。

霊巌洞は百人も入れそうな、ゆったりとした広さを持ち、洞穴の奥の格子戸の中には中国から渡来したといわれる四面馬頭観世音が祀られていました。武蔵はその前で、密教の五輪（五大）から採って書名とし、『五輪書』を書き始めました。

午前四時前後、日の出前の一番静寂で澄み切った時間、武蔵は悠久な神仏の世界に抱かれて心耳に響く声に聴き入り、かくして不朽の名著『五輪書』が書き上げられました。

そんな霊巌洞で瞑想のひと時を持ち、改めて徳永先生の取材の旅の最後に、武蔵が籠った霊巌洞に導かれたのか、その意味がわかりました。徳永先生にとって、あの三畳の板の間の仕事部屋は、宮本武蔵の霊巌洞だったのです。早朝三時に起き出して、火の気のない板の間で、教え子たちにハガキを書き、授業の構想を練り、ひたすら一人雑誌『天意』のガリを切りました。かくして天と交流し、それは法楽にまで高まっていったのです。

森先生は徳永先生のことを、実践人の中でもっとも宗教的な教師と見ておられましたが、私も残された資料を拝見してまったく同感します。

ところで原稿が書き上がると、推敲(すいこう)に入ります。推敲は一面熟成期間でもあります。熟成のためには時が必要であり、次第に焦点を結んで、おぼろげながら形が見えてきます。徳永先生を初め、当事者たちの深層心理が、微に入り細を穿(うが)っていっそう明らかになり、表現はいよいよ深化していきました。

文章の変遷を見て、一番驚かれたのが澁谷美知子さんではないかと思います。澁谷さんは今回執筆の当初からお付き合いいただき、書き上がった原稿を読んでコメントをくださいました。原稿が推敲に入ってますます深化し、芳醇な香りを湛えるワインに変貌していったのを一番ご存知でした。澁谷さんもおっしゃるように、これは天と私の合作以外の何物でもありません。このプロセスを味わえるのは作家冥利に尽きます。

今回、出版の労を取ってくださった致知出版社の藤尾秀昭社長、小森俊司さん、小西佳奈さんに心からお礼を申し上げます。折から日本はコロナによって翻弄され、これまでの価値観がひっくり返るほどに動揺しています。徳永先生は愚直な生き方を貫いた結果、大向うの共感を勝ち得ましたが、コロナ時代にその生き方を再度問い直しているのは天の思し召しであるような気がします。それだけに、藤尾社長の出版人としての矜持がこの本を世に送り出してくれたと感謝しています。徳永先生のメッセージが現代によみがえることを願いつつ。

令和二年十二月吉日

著者　識

【参考文献】

『教え子みな吾が師なり』（徳永康起編　浪速社　昭和四十五年）
『徳永康起先生の人と教育』（徳永康起先生回想録刊行会　昭和五十五年）
『徳永康起遺文集』（第一巻）（徳永康起遺稿刊行会　昭和五十六年）
『徳永康起遺文集』（第二巻）（徳永康起遺稿刊行会　昭和五十六年）
『徳永康起遺文集』（第三巻）（徳永康起遺稿刊行会　昭和五十六年）
『森信三生誕百年記念全国大会報告書』（森信三生誕百年記念全国大会実行委員会　平成八年）
『西晋一郎の生涯と思想』（縄田次郎著　五曜書房　平成十五年）
『修身教授録』（森信三著　致知出版社　昭和十五年）
『天意百語抄』（徳永康起著　寺田清一　昭和四十六年）
『私の歩んできた道』（徳永康起著　実践人　昭和四十六年）
『徳永康起先生の言葉　まなこを閉じて』（徳永康起著　登龍館　平成十年）
『凡骨伝』（端山護著　私家版）
『哀歓三十年』（徳永宗起著　私家版）
『坂村真民一日一詩』（坂村真民著　藤尾秀昭編　致知出版社　令和元年）

【徳永康起先生の略歴】

明治45年（1912）7月3日、熊本県葦北郡芦北町に、父定敏、母キカの次男として出生。昭和7年（1932）3月（21歳）、熊本師範学校を卒業。昭和8年（1933）4月、岡原小学校下槻木分校に勤務。同年9月、深松ミツコと結婚。昭和22年（1947）4月、井牟田小学校校長を拝命。昭和27年（1952）11月（41歳）、八代市太田郷小学校に平教員として勤務。翌年、その翌々年、ごぼくの子らを担任する。昭和29年（1954）8月（43歳）、上甲子園で催された実践人の夏季研修会に初めて参加。森信三先生とお会いする。11月30日、太田郷小学校80周年記念講演に森先生を招く。昭和44年（1969）9月、『ごぼく』4号が出版される（58歳）。昭和45年（1970）5月、『教え子みな吾が師なり』が浪速社から発売（59歳）。昭和46年（1971）3月、退職（60歳）。7月、熊本県家庭相談員として、八代市福祉事務所に勤務。以後毎年、実践人の夏季研修会に参加。昭和54年（1979）6月29日、67歳で逝去。

〈著者略歴〉

神渡良平（かみわたり・りょうへい）

1948年鹿児島生まれ。九州大学医学部を中退後、雑誌記者などの職業を経て、作家に。38歳のとき脳梗塞で倒れ一時は半身不随となる。そのことを通して、この宇宙には大きな仕組みがあることに目覚めていく。この闘病体験から得た、「貴重な人生をとりこぼさないためにはどうしたらよいか」という問題意識が作品の底流となっている。

近著に『許されて生きる　西田天香と一燈園の同人が下坐に生きた軌跡』『アメイジング・グレイス——魂の夜明け』（共に廣済堂出版）、『中村天風人間学』『敗れざる者　ダスキン創業者鈴木清一の不屈の精神』（以上、PHP研究所）、『下坐に生きる』『いのちの讃歌』（以上、致知出版社）、『安岡正篤 珠玉の言葉』『安岡正篤 人生を拓く』『安岡正篤人間学』（以上、講談社）、『マザー・テレサへの旅路』（サンマーク出版）などがある。

人を育てる道

伝説の教師 徳永康起の生き方

令和三年三月五日第一刷発行

著者　神渡良平

発行者　藤尾秀昭

発行所　致知出版社

〒150-0001東京都渋谷区神宮前四の二十四の九

TEL（〇三）三七九六―二一一一

印刷・製本　中央精版印刷

落丁・乱丁はお取替え致します。（検印廃止）

ISBN978-4-8009-1251-0 C0095

ホームページ　https://www.chichi.co.jp

Eメール　books@chichi.co.jp

JASRAC　出　210202052-01

カバー写真　熊本日日新聞　昭和40年1月